C.H.BECK WISSEN

in der Beck'schen Reihe
2065

Das Papsttum ist in einem langen Prozeß bibeltheologischer Reflexion und kirchenpolitischer Entwicklungen in die Geschichte eingetreten und in ihr groß und mächtig geworden. Im Laufe seiner fast zweitausendjährigen Geschichte hat es viele Wandlungen erfahren. Georg Denzler stellt in diesem Buch die wichtigsten Grundlinien und die Hauptstationen der Papstgeschichte kritisch dar und betrachtet die Entstehung der Idee des Papsttums, Aufstiege und Niedergänge, Spaltungen, Exile, Irrtum und Unfehlbarkeit, Tradition und Aufbruch.

Georg Denzler ist Ordinarius für Kirchengeschichte an der Universität Bamberg.

Georg Denzler

DAS PAPSTTUM

Geschichte und Gegenwart

Verlag C. H. Beck

Die Deutsche Bibliothek – CIP-Einheitsaufnahme

Denzler, Georg:
Das Papsttum: Geschichte und Gegenwart / Georg Denzler. –
Orig.-Ausg. – München: Beck, 1997
 (Beck'sche Reihe ; 2065 : C. H. Beck Wissen)
 ISBN 3 406 41865 1
NE: GT

Originalausgabe
ISBN 3 406 41865 1

Umschlagentwurf von Uwe Göbel, München
© C. H. Beck'sche Verlagsbuchhandlung (Oscar Beck), München 1997
Gesamtherstellung: C. H. Beck'sche Buchdruckerei, Nördlingen
Gedruckt auf säurefreiem, alterungsbeständigem Papier
(hergestellt aus chlorfrei gebleichtem Zellstoff)
Printed in Germany

Inhalt

Ein Wort voraus	7
I. Drei Jahrhunderte ohne Papst	9
II. Die Entstehung der Idee des Papsttums	18
III. Das Papstamt als Herrschaft oder als Dienst	22
IV. Zwei Schwerter – zwei Reiche	29
V. Die Abwendung des Papsttums vom Morgenland	36
VI. Das Morgenländische Kirchenschisma	42
VII. Herrschaft des Papsttums über Kirche und Welt	47
VIII. Das Papsttum im Exil	58
IX. Humanismus und Renaissance	65
X. Martin Luther im Bannkreis des Papsttums	73
XI. Die päpstliche Inquisition	83
XII. Ultramontanismus und Unfehlbarkeit	91
XIII. Die „Pianische Epoche"	97
XIV. Der Kampf gegen den Modernismus	102
XV. Das Papsttum und das 2. Vatikanische Konzil	109
XVI. Der Papst aus einem fernen Land	115
Nachwort	119
Literaturhinweise	121
Papstliste	122
Register	125

Ein Wort voraus

„Eine wissenschaftliche Papstgeschichtsschreibung von den Anfängen bis zur Gegenwart ist für einen einzelnen Bearbeiter eine unmögliche Aufgabe geworden" (Lexikon für Theologie und Kirche, Bd. VIII, Freiburg 1983, Sp. 52). Obwohl diese Warnung meines Münchener Lehrers Prof. Dr. Hermann Tüchle berechtigt ist, ließ ich mich von Dr. Günther Schiwy, Lektor im Verlag C. H. Beck, dazu überreden, eine Geschichte des Papsttums zu schreiben – freilich, dem vorgegebenen Umfang entsprechend, nur eine „kleine Papstgeschichte".

Auch wenn also hier weder eine umfassende Darstellung des Papsttums noch Biographien der mehr als dreihundert Päpste und Gegenpäpste zu erwarten sind, sollen doch einige Grundlinien, Hauptstationen und Knotenpunkte der fast zweitausendjährigen Papstgeschichte sichtbar gemacht werden. Dabei wurde mir die Auswahl oft zur Qual. So ist es auch nicht verwunderlich, wenn ein Leser diese wichtige Persönlichkeit und ein anderer jenes entscheidende Ereignis vermißt. Angesichts solcher Wünsche bleibt mir nur die Hoffnung, daß die ausgewählten Themen wenigstens eine Ahnung vermitteln von der bewegten Geschichte der Päpste als Einzelpersönlichkeiten und des Papsttums als einer seit vielen Jahrhunderten bestehenden Institution. Wer detaillierte Auskünfte haben möchte, sei auf die am Schluß genannten Literaturwerke hingewiesen.

Herzlichen Dank sage ich Herrn Landrat a. D. Mag. Walter Keller für die kritische Durchsicht des Typoskripts und meiner Frau Irene für die sorgfältige Lektüre der Korrekturfahnen.

Gewidmet sei dieses Büchlein meinen Bamberger Hörerinnen und Hörern, deren Interesse an meiner im Wintersemester 1994/95 gehaltenen Vorlesung „Grundzüge der Papstgeschichte" mich ermutigt hat, diesen Band zu schreiben.

Breitbrunn/Ammersee, im Oktober 1996　　　　　　*Georg Denzler*

I. Drei Jahrhunderte ohne Papst

Wann beginnt die Geschichte des Papsttums? Mit dem ersten Papst. Und wer war dieser Papst? Natürlich Petrus. So lautet gewöhnlich die Antwort. Tatsächlich beginnen auch alle Papstlisten mit Petrus, obwohl kein Autor, von Hegesippos im 2. Jahrhundert bis zum *Annuario Pontificio* heute, exakte Pontifikats- oder Regierungsjahre für diesen ersten „Papst" und auch nicht für die folgenden Päpste bis in das 2. Jahrhundert hinein anzugeben vermag.

Wer war Petrus? Wer ist der Papst?

Das seit 1860 erscheinende „Päpstliche Jahrbuch" *(Annuario Pontificio)* ist ein offizielles Nachschlagewerk mit historischen und aktuellen Daten zur römisch-katholischen Kirche: vom Papst über die Bischöfe bis zum letzten Monsignore. Die Liste der *Sommi Pontefici Romani*, wie die Päpste hier in italienischer Sprache betitelt sind, wird angeführt vom „Hl. Petrus aus Bethsaida in Galiläa", zu dem es entsprechend dem seit dem 5. Jahrhundert geführten „Papstbuch" *(Liber Pontificalis)* konkret heißt: „Fürst der Apostel, der von Jesus Christus die höchste Gewalt eines Pontifex empfing, um sie seinen Nachfolgern zu übertragen. Er residierte zuerst in Antiochien, dann, einem Chronographen aus dem Jahr 354 zufolge, 25 Jahre in Rom, wo er im Jahr 64 oder 67 den Martertod erlitt." Seit Papst Innozenz III. (1198–1216) folgen auf den historischen Papstkatalog die Wappen der *Sommi Pontefici* und danach der Name des zur Zeit regierenden Papstes mit den multifunktionalen Attributen: „Bischof von Rom, Stellvertreter (Vikar) Jesu Christi, Nachfolger des Fürsten der Apostel, Höchster Pontifex der gesamten Kirche, Patriarch des Abendlandes, Primas von Italien, Erzbischof und Metropolit der Römischen (Kirchen)provinz, Souverän des Staates der Vatikanstadt." Die abschließende formelhafte Redewendung *gloriosamente regnante* („glorreich regierend") unterbleibt seit kurzem.

Unter diesen Titeln vermissen wir *papa* (griech. *pappas* = Vater), von dem doch das Wort „Papst" abgeleitet ist. Schon in der frühen Kirche wurden Bischöfe und vor allem Äbte mit *Papa* angeredet. Für Rom läßt sich der Titel *Papa* erstmals bei Bischof Liberius (352–366) nachweisen; sein Grabstein trägt die Inschrift: *sub Liberio papa.* Von Bischof Siricius (384–399) wissen wir, daß er sich selbst als *papa* bezeichnet hat. Seit dem 5. Jahrhundert bleibt dieser Amtstitel mehr und mehr dem Bischof von Rom reserviert. Erst Gregor VII. (1073–1085) bestimmte, daß allein der Bischof von Rom *papa* (Papst) genannt werden dürfe.

Gregor I. (590–604) brachte mit der Selbstbezeichnung „Diener der Diener Gottes" *(servus servorum Dei)* einen besonderen Aspekt zum Ausdruck und erregt damit bis heute Aufsehen.

Seltsamerweise trug keiner der fast 300 Päpste den Titel „Apostel", d.h. „Gesandter", obwohl es doch die authentische und gebräuchlichste Bezeichnung für Petrus und seine Mit-Apostel, zusammen „die Zwölf" genannt, war und immer noch ist. Warum also nicht Apostel Johannes Paul II.? Vielleicht deshalb, weil am Anfang jeder Christusgläubige, der sich in den Dienst des Evangeliums Jesu Christi stellte, Apostel genannt werden konnte. Erst später wurde diese Bezeichnung auf die zwölf Apostel eingeengt.

Das Papsttum – eine göttliche Stiftung?

Katholische Dogmatiker verweisen heute bei der Lehre über das Amt des römischen Bischofs, der als das sichtbare Haupt der Kirche gilt, auf die zutreffenden Definitionen des 1. Vatikanischen Konzils (1869/70). So auch Karl Rahner im *Lexikon für Theologie und Kirche* (Bd. VIII, 1963, Sp. 44–46): „Petrus hat in seinem Amt als sichtbares Haupt der Kirche und der übrigen Apostel mit einem wahren und eigentlichen Jurisdiktionsprimat nach göttlicher Anordnung dauernd Nachfolger in der Kirche *(successio apostolica),* und diese Nachfolger im Primat über die ganze Kirche sind wenigstens de facto die römischen Bischöfe." Im systematischen Teil fragt er allerdings, „welche Tragweite und welchen Sinn es hatte, daß es nicht ‚immer schon' genau so war, wie es jetzt ist," konkret, „ob und in welchem Sinn es hier ein *ius divinum* gibt, das in den Worten Jesu seine Berechtigung und Ermöglichung hat." Der Dogmatiker Rahner wußte nur zu genau um die enorm große Spannung zwischen einem noch völlig offenen, mehrdeutigen Primatsverständnis am Anfang der Kirchengeschichte und einer absolutistisch anmutenden Interpretation durch das Vatikanum I.

Dagegen urteilt der Kirchenhistoriker Georg Schwaiger, die Schwere der von Rahner angedeuteten Problematik verharmlosend, in demselben Lexikonartikel: „Die Entwicklung des Papsttums von der bescheidenen Urgestalt des Petrusamtes bis zur heute entfalteten Form vollzog sich unter erheblichen Schwankungen und Widerständen von innen und außen und in der im Wesen der Kirche gründenden wechselreichen Spannung zwischen episkopal-föderalistischen und papal-zentralistischen Strebungen."

Wie dringend hatte dagegen der berühmte Münchener Kirchenhistoriker Ignaz von Döllinger schon 1869 in weiser Voraussicht der im folgenden Jahr durch das Vatikanische Konzil verabschiedeten Glaubenssätze vom Jurisdiktionsprimat und von der Unfehlbarkeit des Papstes vor jeder absolutistischen Fixierung der obersten Kirchenleitung gewarnt: „Uns ist die katholische Kirche keineswegs identisch mit dem Papismus, und so sind wir, ungeachtet der äußeren kirchlichen Gemeinschaft, doch innerlich und tief geschieden von denen, deren kirchliches Ideal ein universales, von einem einzigen Monarchen geistlich und wo möglich auch leiblich beherrschtes Reich ist, ein Reich des Zwanges und des Druckes."

Was sagt das Neue Testament?

Betrachten wir zuerst Simon-Petrus, den „ersten Jünger Jesu Christi" (Rudolf Pesch), um herauszufinden, wie es mit unserer Frage ganz am Anfang der Kirche bestellt war; denn auf Petrus berufen sich in der Tat alle, die über das Papsttum urteilen, Papstanhänger wie Papstgegner.

Zahlreiche Stellen des Neuen Testaments (Mt 16,13–19; Mk 8,27–33; Lk 22,31ff.; Joh 21,15–17 u.a.) geben Zeugnis davon, daß Jesus den Fischer Simon-Petrus mit einer Führungsrolle im Kreis der Zwölf und damit auch in der Christengemeinde von Jerusalem betraut hat. Dem Johannesevangelium zufolge gab Jesus Christus nach seiner Auferstehung Petrus, der ihm zuvor seine Liebe öffentlich bekannt hatte, den universalen Auftrag: „Weide meine Lämmer! [...] Weide meine Schafe!" (Joh 21,15–17). Die weitaus folgenreichere, bis heute heftig umstrittene Stelle steht im Evangelium des Matthäus; es sind die berühmten, von der Innenseite der Kuppel von St. Peter in Rom auf Mosaiksteinen strahlenden Worte Jesu an Petrus: „Du bist Petrus, und auf diesen Felsen werde ich meine Kirche bauen, und die Mächte der Unterwelt werden sie nicht überwältigen. Ich werde dir die Schlüssel des Himmelreichs geben; was du auf Erden binden wirst, das wird auch im Himmel gebunden sein, und was du auf Erden lösen wirst, das wird auch im Himmel gelöst sein" (Mt 16,18–19). Bevor Petrus zum Felsenmann ernannt wurde, hatte er Jesus als „Sohn Gottes" bekannt. Die vielsagende Verheißung an Petrus, die einem weitreichenden Auftrag gleichkommt, berichtet allerdings nur der Evangelist Matthäus. Er fügte sie in die vom Markusevangelium 8,27–33 überlieferte Begebenheit als Sondergut ein, das seinen ursprünglichen Platz in einem nachösterlichen Zusammenhang hatte. Für Matthäus sei es folgerichtig gewesen, meint der Neutestamentler Rudolf Pesch, daß der Vorrang, den Petrus zur Zeit des irdischen Jesus hatte, auf die Kirche, deren Fels Petrus war, übergegangen sei. Er nimmt an, daß die Worte Mt 16,17–19 nicht aus der Urgemeinde stammen, sondern in die Zeit gehören, da die entstehende Großkirche die Auseinandersetzungen zwischen Judentum und Heidenchristentum bewältigen mußte. Genauso dachte auch der Kirchenhistoriker Peter Stockmeier, der in dieser Stelle ein einheitliches Traditionsstück sah, das erst nachträglich in die Cäsarea-Perikope eingefügt worden sei. In seiner heutigen Fassung stelle das Jesuswort eine Schöpfung der palästinensischen Gemeinde dar, die sich vom Auferstandenen her als eine auf Felsen gebaute, unüberwindliche Wirklichkeit verstanden habe. „Ohne das Ansehen des Petrus in der Urgemeinde zu schmälern, kann man schwerlich von einer isolierten Spitzenposition des Erstapostels sprechen. Wie in Jerusalem im Kreise eines leitenden Kollegiums, so muß er in Rom nach Auskunft der frühesten Texte sein Ansehen gewissermaßen mit Paulus teilen; denn beide werden immer zusammen erwähnt."

Bedeutend wurde noch jene andere, nicht bei Matthäus zu findende Aussage des „Apostels" Paulus, daß Petrus zu den frühesten Jüngern Jesu gehört habe und einer der ersten Zeugen der Auferstehung Jesu gewesen sei. Unbestritten ist, daß Petrus zusammen mit Jakobus dem Älteren an der Spitze des Zwölferkollegiums in Jerusalem stand. Bei der ersten Verfolgung Christgläubiger zu Beginn der 40er Jahre kam Jakobus zu Tode, während Petrus aus Jerusalem fliehen konnte. Wohin er entwichen ist und wo er missioniert hat, wissen wir nicht. Paulus jedenfalls wußte, nach seinem um das Jahr 45 verfaßten Brief an die Christen in Rom und seinem zehn Jahre später vielleicht in Rom entstandenen Brief an die Gemeinde in Philippi zu schließen, nichts von einem Aufenthalt des Petrus in Rom. Ein erstes Zeugnis für den Aufenthalt von Petrus und Paulus in Rom haben wir in dem um 96 geschriebenen Brief der römischen Gemeinde – erst Jahrzehnte später wird ein Presbyter Clemens als Verfasser genannt – an die Gemeinde von Korinth. Darin heißt es: „Petrus, der wegen unberechtigter Eifersucht nicht eine oder zwei, sondern vielerlei Mühseligkeiten erduldete und so, nachdem er Zeugnis abgelegt hatte, an den gebührenden Ort der Herrlichkeit gelangte. Wegen Eifersucht und Streit zeigte Paulus den Kampfpreis der Geduld; siebenmal in Ketten, vertrieben, gesteinigt, Herold im Osten wie im Westen, empfing er den echten Ruhm für seinen Glauben." Ob der eine oder der andere oder auch beide gemeinsam als Leiter der Christengemeinde in Rom wirkten, ist eine müßige Frage, da zu dieser Zeit noch jede feste Amtsstruktur fehlte. Auch wenn es viele Indizien dafür gibt, daß Petrus und Paulus in Rom unter Kaiser Nero um das Jahr 67 den Martertod erlitten haben, läßt sich doch weder ein Grab des Petrus noch ein Grab des Paulus mit Sicherheit nachweisen.

Das Petrusgrab

Die Frage, ob sich das Petrusgrab unter der heutigen Kirche von St. Peter in Rom befindet, konnten bisher weder Archäologen aufgrund neuester Grabungen noch Kirchenhistoriker anhand der überlieferten schriftlichen Zeugnisse zufriedenstellend beantworten. Papst Paul VI. hat zwar 1967 als wichtigstes Ergebnis der Ausgrabungen die tatsächliche Auffindung des Petrusgrabes konstatiert. Trotzdem gilt noch immer, was der Bonner Kirchenhistoriker Karl Baus schon 1962 in dem von Hubert Jedin herausgegebenen *Handbuch der Kirchengeschichte* behauptete: „Über die Stationen des Weges, der ihn [Petrus] nach Rom führte, über die Zeit seiner Ankunft in der Reichshauptstadt und die Dauer seines Aufenthaltes (mit Unterbrechungen?) sind allerdings keine konkreten Aussagen möglich." Und speziell zum Petrusgrab heißt es: Mehrere „Schwierigkeiten zusammengenommen sind bisher nicht befriedigend gelöst; sie machen es daher vorläufig unmöglich, der Auffassung zuzustimmen, die Ausgrabungen hätten das Petrusgrab bzw. seine ursprüngliche Stelle mit Sicherheit ans Licht gebracht." Dieselbe Meinung vertritt der Kunsthistoriker Achim Arbeiter in seinem 1988 veröffentlichten Opus über Alt-St.Peter: Ob Petrus in Rom starb, ob er das Martyrium erlitt und in der Nekropole am Vatikan individuell bestattet wurde, läßt sich aus den spärlichen Quellen endgültig weder beweisen noch widerlegen. Bedeutungsvoll bleibt jedenfalls, daß in der Spätantike der überbaute Ort im Vatikan als die hervorragende Gedenkstätte Petri angesehen wurde. Und diese *memoria* galt als so wertvoll, daß sie unter erheblichem technischen und finanziellen Aufwand mit einer

Kirche monumentalisiert wurde. Was die Reliquien des Petrus betrifft, meint Ernst Dassmann in einem Nachtragskapitel zu Engelbert Kirschbaums Standardwerk *Die Gräber der Apostelfürsten* zu Recht, daß die Petrusverehrung, die bis in das 2. Jahrhundert zurückreicht, „auf ‚echte Gebeine' weder angewiesen war noch jemals sein wird." In der Tat gab es schon Mitte des 2. Jahrhunderts „Stätten der Erinnerung" *(tropaia)* an Petrus (am Vatikan) und an Paulus (an der Straße nach Ostia). Bemerkenswert ist noch, daß kein anderer Ort jemals den Anspruch erhob, das Grab des Petrus zu besitzen.

Die frühchristliche Kirche

Der erwähnte 1. Clemensbrief mahnt die Christen in Korinth zur Unterordnung unter die von den Aposteln oder ihren Nachfolgern eingesetzten Vorsteher der Gemeinde. Daß aber die römische Gemeinde anderen Gemeinden gegenüber in bestimmten Streitfällen weisungs- oder gar entscheidungsberechtigt gewesen wäre, ist nirgends zu lesen.

Einige Jahre später, um das Jahr 110, wandte sich „Bischof" Ignatios von Antiochien nicht an einen bestimmten Vorsteher der Christengemeinde in Rom, sondern an die Gemeinde insgesamt. Er schreibt ihr den „Vorsitz in der römischen Region" zu und nennt sie die „Vorsitzerin der Liebe." Diese rätselhaften Ausdrücke gaben häufig Anlaß zu unterschiedlichen Deutungen. Sicher lassen sie nicht auf eine oberste Rechtsaufsicht der römischen Gemeinde über alle anderen schließen.

Weil Irenäus aus Kleinasien, ein Schüler Polykarps und seit dem Jahr 178 Bischof von Lyon, bei der römischen Gemeinde in ungewöhnlich hohem Ansehen stand, meinten frühere Autoren, in ihm einen Kronzeugen der römischen Primatsidee sehen zu können. Als Schriftsteller wollte er angesichts verschiedener heterodoxer Glaubensrichtungen, insbesondere der Gnosis, vor allem zeigen, wo die wahre apostolische Lehre zu Hause ist. Aus diesem Grund bemühte er sich sehr um den Nachweis der apostolischen Nachfolge (Sukzession): „Wir sind in der Lage, die von den Aposteln in den [einzelnen] Kirchen eingesetzten Bischöfe wie auch ihre Nachfolger [ihre Sukzessionen] bis zum heutigen Tag aufzuzählen." Unter den Gemeinden, die sich ihres apostolischen Ursprungs rühmen könnten, wählte er als prominentes Beispiel Rom aus, ohne aber deshalb die übrigen gering einzustufen: „Weil es [...] zu weit führen würde, in einem Werk wie diesem die Sukzessionen sämtlicher Kirchen aufzuführen, darum begnügen wir uns mit der größten, ältesten und allen bekannten, von den beiden berühmtesten Aposteln Petrus und Paulus begründeten und errichteten Kirche und zeigen auf, wie die Tradition, die sie von den Aposteln empfangen, [...] durch die bischöflichen Sukzessionen bis auf uns gelangt ist." Und dann folgt die im Blick auf den Primat Roms häufig zitierte und kontrovers interpretierte Aussage: „Mit dieser Kirche *(ad hanc enim ecclesiam)* muß wegen ihres besonderen Vorranges jede Kirche übereinstimmen, d.h. die Gläubigen von überall; denn in ihr [...] ist die apostolische Überlieferung allezeit bewahrt worden." Irenäus suchte im Blick auf den wahren Glauben nach einem Prinzip, das für die Tradition gelten sollte. Deshalb erstellte er eine Liste der römischen Bischöfe von Anfang an. Seiner Meinung nach ernannten Petrus und Paulus, die er für die Gründer der römischen Gemeinde hielt, Linus zum Nachfolger. Irenäus sprach aber nicht – so der Patrologe Berthold Altaner – „von der rechtlichen Verpflichtung der übrigen Kirchen, mit der römischen im Glauben übereinzustimmen; er will vielmehr sagen, daß die Feststellung des Glaubens der römischen Kirche zugleich auch das Vorhandensein desselben Glaubens aller anderen apostolischen Kirchen garantiere". Dem muß nicht widersprechen, daß Irenäus unter den apostolischen Gemeindegründungen Rom „eine wirksamere Führerschaft", „einen doppelt gewichtigen Vorzug" *(propter potentiorem principalitatem)* einräumte, da die römische Gemeinde sich gleich zweier Apostel, nämlich Petrus und Paulus, rühmen und als Reichsstadt *(Roma aeterna)* eines zusätzlichen Nimbus erfreuen könne.

Sämtliche Namen der Papstlisten bis in die Mitte des 2. Jahrhunderts sind legendär. Linus, Anaclet und Clemens, die unmittelbare Nachfolger des Petrus als Bischöfe von Rom gewesen sein sollen, begegnen uns in der Liturgie nicht vor dem 6. Jahrhundert. Historischen Boden unter den Füßen haben wir erstmals am Ende des 2. Jahrhunderts, als Bischof Viktor von Rom im Streit um den Termin für das Osterfest eine Entscheidung traf und die Annahme dieser Entscheidung allen anderen Kirchen zur Pflicht machte, freilich erfolglos. Er beanspruchte immerhin eine Entscheidungskompetenz, die über die römische Kirchenprovinz weit hinausging. Mitte des 3. Jahrhunderts berief sich Stephan I. für seine Haltung im Ketzertaufstreit zum ersten Mal auf das später so berühmt gewordene Felsenwort Jesu an Petrus (Mt 16,18), um seiner Entscheidung, der sich die ganze Kirche beugen sollte, besonderen Nachdruck zu verleihen. Des öfteren erinnern die römischen Bischöfe jetzt an das Wirken der Apostel Petrus und Paulus in Rom. Von einem über die römische Kirchenprovinz hinausgehenden rechtlichen Vorrang (Iurisdiktionsprimat) als Nachfolger des Petrus aber scheinen sie bis in das 4. Jahrhundert hinein nichts gewußt zu haben.

Wer aus den wenigen Zeugnissen der ersten drei Jahrhunderte einen Primat Roms über alle anderen Kirchen herauslesen will, möge die klare Auskunft des Kirchenhistorikers Klaus Schatz bedenken: „Hätte man einen Christen um 100, 200 oder auch 300 gefragt, ob es einen obersten Bischof gibt, der über den anderen Bischöfen steht und in Fragen, die die ganze Kirche berühren, das letzte Wort hat, dann hätte er sicher mit Nein geantwortet."

II. Die Entstehung der Idee des Papsttums

Das Papsttum hat sich nicht wie ein Phoenix aus der Asche erhoben; es ist vielmehr in einem langsamen Prozeß bibeltheologischer Reflexion und kirchenpolitischer Konstellation in die Geschichte eingetreten und in ihr groß und mächtig geworden.

Mit Damasus I. (366–384) und Siricius (384–399) beginnt die Reihe jener römischen Bischöfe, die aus unterschiedlichen Gründen den Anspruch erhoben, Inhaber der *cathedra Romana* zu sein und deshalb Nachfolger des Apostels Petrus genannt zu werden. Günstige Gelegenheiten, ihre hervorragende Autorität in die Waagschale zu werfen, boten sich vor allem dann, wenn sie bei Glaubenskontroversen, die in den ersten Jahrhunderten meist in den Ostkirchen ausgetragen wurden, als Vermittler oder Schiedsrichter erscheinen konnten. Schon vor ihnen trat Julius I. (337–352) in die Arena, um Bischof Athanasius von Alexandrien im Kampf gegen den vom Konzil von Nikaia (325) verurteilten Glauben des Priesters Arius, Jesus sei nur Mensch, nicht auch Gott gewesen, zu verteidigen. Sooft sich der Streit um eine fundamentale Glaubenswahrheit drehte, begründete „Rom" seinen Standpunkt mit der auf Petrus und Paulus zurückgehenden Tradition. „Was wir vom Apostel Petrus empfangen haben", so heißt es im Schreiben der römischen Synode von 340 oder: „wie die Anweisungen des Apostels Paulus lauten." Einen weiteren entscheidenden Schritt tat die auf Wunsch von Papst Julius I. im Jahr 343 von den Kaisern Konstans und Konstantius II. nach Sardika einberufene Synode, bei der zwei Priester und ein Diakon den römischen Bischofssitz repräsentierten. Die östlichen Synodalen schlossen die Bischöfe Athanasius und Markellus sowie einige Bischöfe aus dem Westen, an der Spitze Julius von Rom, von der Kirchengemeinschaft aus und verließen sogleich die Versammlung. Die zurückgebliebenen westlichen Teilnehmer der Synode beschlossen daraufhin in Kanon 3, daß jeder Bischof, „um das Gedächtnis des Apostels Petrus zu ehren", das Recht habe, sich an Rom zu wenden, weil in Streitfällen dem römischen Bischof die letzte richterliche Entscheidung zustehe. Dieser Beschluß stieß jedoch im Bereich der Ostkirchen stets auf strikte Ablehnung. Trotzdem: Das Recht der Appellation an Rom stand erstmals in einem Synodalakt, der später häufig mit den viel wichtigeren Kanones des Konzils von Nikaia (325) zusammengestellt wurde.

In den Verlautbarungen von Damasus und Siricius an die Adresse anderer Bischöfe fällt ein bis dahin ungewohnter autoritärer Ton auf. An die Stelle von Rat und Bitte traten jetzt häufig Weisung und Befehl. Und die Bezeichnung *sedes apostolica*, früher auf alle apostolischen Kirchengründungen ausgedehnt, blieb immer mehr dem römischen Bischofsstuhl reserviert und gewann zudem eine betont rechtliche Bedeutung. In einem Schreiben an einen östlichen Bischof brachte Damasus seine Überzeugung von der primatialen Stellung der römischen Kirche trotz Demutsfloskel deutlich zum Ausdruck: „Dadurch, daß Eure Liebe dem Apostolischen Stuhl die schuldige Ehrerbietung erweist, ehrt Ihr uns am meisten, geliebteste Söhne. Denn wie wir auch besonders in der Kirche zur Leitung berufen sind, in welcher der hl. Apostel sitzend lehrte, wie wir das Steuerruder, das wir empfangen haben, lenken müssen, so gestehen wir doch, dieser Ehre nicht würdig zu sein." Der Papst sei zwar hinsichtlich seines Amtes den anderen Bischöfen gleichgestellt *(aequalis munere)*, heißt es in einem Brief der römischen Synode von 378, überrage sie aber „durch das Vorrecht des Apostolischen Stuhls." Noch klarer erscheint der Vorrang Roms in einem Schreiben, das wahrscheinlich einer Synode zuzurechnen ist, die 382 in Rom abgehalten wurde. Die ganze Argumentation stützt sich dabei auf das berühmte Felsenwort: „Wenngleich alle über den Erdkreis verstreuten katholischen Kirchen ein Brautgemach Christi sind, so ist doch die heilige römische Kirche nicht durch Synodalbeschlüsse den anderen Kirchen vorangestellt, sondern hat durch Worte des Evangeliums unseres Herrn und Erlösers den Primat erhalten: ‚Du bist Petrus, und auf diesen Felsen werde ich meine Kirche bauen [...].' Es wurde [dieser

Kirche] auch die Gemeinschaft des seligsten Apostels Paulus zusätzlich gegeben, der [...] zur selben Zeit am gleichen Tag mit Petrus unter dem Kaiser Nero ruhmreich die Martyrerkrone erlangte. Sie haben gleicherweise die genannte römische Kirche Christus, dem Herrn, geweiht und durch ihre Anwesenheit und ihren verehrungswürdigen Triumph allen anderen Städten in der ganzen Welt vorangestellt. Es ist also der erste Sitz des Apostels Petrus der römische, der keinen Fleck und keine Runzel noch irgendetwas dieser Art hat. Der zweite Stuhl ist in Alexandria im Namen des seligen Petrus von seinem Schüler, dem Evangelisten Markus, geweiht worden, und er hat selbst in Ägypten, vom Apostel Petrus gesandt, das Wort der Wahrheit gepredigt und das ruhmreiche Martyrium vollendet. Der dritte Stuhl des seligsten Apostels Petrus wird in Antiochia verehrt, weil er dort wohnte, bevor er nach Rom kam, und dort zuerst der Name ‚Christen‘ [...] entstand."
Die streng auf Petrus ausgerichtete Rangordnung entsprach völlig der Festlegung, wie sie schon das I. Konzil von Nikaia beschlossen hatte, allerdings ohne die hier vorgebrachte biblische Argumentation.

Siricius förderte das päpstliche Selbstverständnis in der Überzeugung, daß Petrus im Papst weiterwirke, weil jeder Papst das Erbe des Petrus übernehme: „Wir tragen die Lasten aller, die beladen sind, vielmehr trägt dies in uns der selige Apostel Petrus, der uns in allem, wie wir hoffen, als Erben seines Amtes schützt und beschirmt." So wirkten theologische Überlegungen und Elemente des römischen Erbrechtes auf die Papstidee ein.

Weil Damasus und Siricius auf Respektierung ihrer Autorität über die römische Kirchenprovinz hinaus drangen, ja ihre lehrmäßige Kompetenz auch in den Kirchen des Ostens geltend machten und durchzusetzen suchten, kann man sie mit Recht als die ersten „Päpste" bezeichnen; denn zum Begriff des Papsttums gehört wesentlich der alleinige Anspruch auf die Leitung der Gesamtkirche. Ihre Nachfolger gingen den eingeschlagenen Weg konsequent weiter. Daß Innozenz I. (402–417) eine starke Herrscherpersönlichkeit gewesen sein muß, läßt sich seinen Reden und besonders seinen Dekretalen mühelos entnehmen. Aufgrund einer überschwenglichen Petrinologie, derzufolge allein die vom Apostelfürsten Petrus gegründete römische Kirche für den wahren Glauben maßgebend sei, behauptete er sogar, Petrus oder seine Nachfolger hätten „in ganz Italien, Spanien, Gallien, Sizilien, Afrika und auf den Inseln" Kirchen gegründet und zu deren Leitung Bischöfe eingesetzt. Und deshalb sei Rom in allen Dingen die entscheidende Instanz: im Taufritus, im Bußwesen, im Fastengebot, ja in der kirchlichen Ordnung ganz allgemein. „Innozenz war der erste Papst, der die juristische Vorstellung des Papstes als Nachfolgers Petri beständig und systematisch anwandte" (W. Ullmann).

Je mehr nun die Päpste auf den Vorrang der Kirche von Rom pochten, desto mehr vergrößerte sich die Distanz zu den Kirchen im Osten, speziell zum byzantinischen Kaisertum. Der Kaiser besaß nämlich im weltlichen wie im kirchlichen Bereich die Oberhoheit und achtete genau darauf, daß seine Vorrangstellung keine Beeinträchtigung erfuhr. Im Abendland hingegen präsentierte sich Rom als dem Rang nach höchster Bischofssitz der universalen Kirche und verschaffte sich damit eine Position, für die am Ende des 5. Jahrhunderts der Rechtssatz geprägt wurde: *Prima sedes a nemine iudicatur* („Der erste Bischofssitz wird von niemand gerichtet").

Mit diesen wenigen Daten ist eine konsequente Entwicklung des römischen Primats im 4. Jahrhundert angedeutet, die unter Papst Leo I. bald einem ersten Höhepunkt zusteuerte.

III. Das Papstamt als Herrschaft oder als Dienst

Papst Leo I. (440–461) vollendete das Felsenfundament, das vor allem seine Vorgänger Damasus und Siricius der Kirche in der Person des Apostels Petrus geschenkt sahen, indem er darauf ein großartiges Gebäude zu errichten begann, das als Institution Papsttum über Jahrhunderte hinweg bis zum heutigen Tag Bestand haben sollte.

Petrus lebt in jedem Papst fort

Leo I. bewies schon als Archidiakon der römischen Kirche in den Auseinandersetzungen mit Nestorianern, Pelagianern und Manichäern hervorragende theologische Kenntnisse. Coelestin I. und Sixtus III. stand er als einflußreicher Ratgeber zur Seite. Auch in politischen Konflikten bewährten sich seine diplomatischen Fähigkeiten. Der in Ravenna residierende Kaiser Valentinian III. reiste nach Gallien, um den Streit zwischen dem Oberkommandierenden Aëtius und dem Präfekten Albinus zu schlichten. Während dieser Mission wurde Leo zum Bischof von Rom gewählt.

Leo der Große war von Anfang an darauf bedacht, den Primat des römischen Bischofs nicht bloß lehrmäßig zu propagieren, sondern auch bei der Leitung der Kirche einzusetzen. In der Tat erstarkte während seines zwanzigjährigen Pontifikats in weiten Kreisen der Hierarchie das Bewußtsein vom Vorrang der römischen Kirche. Diesem Ziel sollte auch die Bestellung eines ständigen Vertreters – Apokrisiar genannt – in der Kaiserstadt Konstantinopel dienen. Erster Inhaber dieses (Außen-)Postens wurde Bischof Julianus von Kios, der den Papst schon beim Ökumenischen Konzil von Chalkedon (451) vertreten hatte. Gerade weil die oströmischen Kaiser auch in kirchlichen Angelegenheiten oft das entscheidende Wort sprachen, empfand der Papst in Rom große Freude, als der weströmische Kaiser Valentinian III. in einem Edikt vom 17. Juli 445 den Rechtsprimat Roms über die Gesamtkirche anerkannte, indem er erklärte, „nichts sollte gegen oder ohne den höchsten Willen der römischen Kirche geschehen".

Leo I. wurde nicht müde zu lehren, daß, wie Petrus einst „Stellvertreter Christi" gewesen sei, er nunmehr der „Stellvertreter Petri" sei. Da Christus als ewiger Bischof dem Petrus seine bischöfliche Gewalt übertragen habe, erhalte auch jeder Nachfolger im Amt des Bischofs von Rom erbmäßigen Anteil an der bischöflichen Gewalt des Petrus: „Jene Festigkeit, die er [Petrus] empfing, als er vom Felsen Christus selbst zum Fels gemacht wurde, ergoß sich auch in seine Erben, und wo immer irgendwelche Festigkeit sich zeigt, erscheint zweifellos des Hirten Tapferkeit." Mit solchen Gedanken knüpfte der Papst an das griechisch-römische Erbrecht an, das den Erblasser in seinem Erben als juristische Person weiterleben läßt.

Für die biblische Begründung genügten Leo die berühmten Worte Jesu an den Apostel Petrus: „Du bist Petrus, und auf diesen Felsen will ich meine Kirche bauen" (Mt 16,18). Wer es wage, „sich von der Festigkeit des Petrus zu entfernen", heißt es im Schreiben des Papstes an die Bischöfe der Provinz Vienne, „muß wissen, daß er am göttlichen Geheimnis keinen Teil mehr hat." Der Bischof von Rom besitzt nach Leos Überzeugung die Vollmacht, in wesentlichen Fragen der Lehre und des christlichen Lebens für alle Kirchen verbindlich zu entscheiden, und dies sogar unabhängig von Synoden und Konzilien. Vom Allgemeinen Konzil von Chalkedon (451) erwartete Leo, daß die Teilnehmer aus Ost wie West sein Lehrschreiben über die zwei Naturen Jesu Christi, dessen Vorlage Dioskur von Alexandrien bei der Reichssynode von Ephesus (449) verweigert hatte, widerspruchlos annähmen. Tatsächlich begrüßten die Konzilsväter das päpstliche Schreiben mit Rufen wie „Petrus hat durch Leo gesprochen", freilich nicht ohne bei der vorausgegangenen Erörterung auch Bedenken und Widerspruch zu äußern. Wenn sie am Ende Leo zustimmten, geschah dies nicht wegen, sondern trotz dessen bereits getroffener Entscheidung. Das Konzil wollte nur bestätigen, daß Leo in dieser Frage mit der kirchlichen Tradition übereinstimmte.

Mit der Idee des römischen Primats befaßten sich alle Predigten, die Leo an den Jahrtagen seiner Bischofsweihe hielt. Stets stellte er bei dieser Gelegenheit den Apostel Petrus in den Vordergrund: „Aus der ganzen Welt wird einzig Petrus erkoren, der auch das Haupt aller berufenen Völker, aller Apostel und sämtlicher Väter der Kirche sein soll; obwohl es daher im Volke Gottes viele Priester und Hirten gibt, ist doch im eigentlichen Sinne Petrus der Leiter aller derer, über die letztendlich auch Christus herrscht. Einen bedeutenden und bewundernswerten Anteil an ihrer Macht gab also [...] die göttliche Gnade diesem Mann. Und wenn nach ihrem Willen auch den übrigen Häuptern [des Gottesvolkes] einiges mit ihm gemeinsam sein sollte, so hat sie doch, was immer sie anderen gewährte, stets nur durch ihn verliehen." Jesus Christus habe „dem solche Vollmacht *(potentia)* verliehen, den er zum Haupt *(princeps)* der gesamten Kirche machte." Schließlich verwies der Papst noch kurz auf jenes andere Jesuswort an Petrus: „Weide meine Schafe!" (Joh 21,17). Auch wenn diese Argumentation im Westen immer mehr Anklang fand, hatten doch die östlichen Kirchenführer dafür kein Ohr.

Ausschlaggebend für die Idee vom Papsttum wurde vor allem Leos Glaube, Christus habe dem „Ersten der Apostel" Anteil an seiner göttlichen Gewalt gegeben. Damit erhob der Papst den Apostel Petrus hoch über alle anderen Apostel und schrieb ihm eine christusähnliche oder gar christusgleiche Stellung in der Kirche zu. Für eine solche Mystifizierung des Papsttums fehlt freilich in der Bibel jegliche Grundlage. Auch das Bild vom „Felsen" gibt keinerlei Recht, von einer derart mystischen Mittlerrolle des Petrus zu sprechen. Ebensowenig enthält das Neue Testament Hinweise darauf, daß Petrus, wie Leo möchte, im Sinne von Eph 4,15f. oder Kol 2,19 als „Haupt" der Kirche gelten könnte.

Mit der petrinischen Begründung des römischen Primats wollte Leo die rein politische oder reichskirchliche Bedeutung des römischen Bischofssitzes in den Hintergrund drängen. Deshalb auch ignorierte er die von den Konzilien in Konstantinopel (381) und Chalkedon (451) beschlossene Rangerhöhung des Patriarchats von Konstantinopel und beharrte stattdessen auf der seiner Ansicht nach unabänderlichen Reihenfolge, die schon das Konzil von Nikaia (325) festgelegt hatte. Die neue Kaiserstadt Konstantinopel lasse sich nicht zu einem apostolischen Sitz umfunktionieren, betonte Leo in einem Brief an Kaiser Markian (452) und bat ihn gleichzeitig, in diesem Sinn auf den Patriarchen Anatolios einzuwirken.

Aus der Identifizierung von Petrus und Papst zog Leo freilich auch die Konsequenz, daß Petrus und seinen Nachfolgern die Sorge für die gesamte Kirche *(sollicitudo omnium ecclesiarum)* zur Pflicht gemacht sei, während der einzelne Bischof in erster Linie nur Kompetenz für seinen Kirchensprengel besitze.

Nicht zu unterschätzen sind auch Leos erfolgreiche politische Aktivitäten, da sie zur Stärkung seiner kirchlichen Position beitrugen. Es gelang ihm, die unter Attila bis nach Norditalien vorgedrungenen Hunnenscharen zur Umkehr zu bewegen. Und ihm verdankte man es auch, daß die unter der Führung Geiserichs aus Nordafrika eingefallenen Vandalen die Stadt Rom mit Brand und Mord verschonten.

Fortan kam alles darauf an, ob Leos Nachfolger auf dem von ihm eingeschlagenen Weg weitergehen oder eine andere Sicht des Papsttums bevorzugen würden.

Der Papst als *servus servorum Dei*

Wie sehr ein Papst vom vorgegebenen Kurs abweichen, ja einen fast entgegengesetzten Weg einschlagen kann, sehen wir an Gregor I. (590–604), dem Sproß einer römischen Senatorenfamilie. Gleich seinem Vater, der zuletzt Regionarius auf Sizilien war, stand Gregor im Dienst des Staates. Auf dem Höhepunkt seiner Beamtenlaufbahn als Präfekt der Stadt Rom zog er sich zur Überraschung seiner Umgebung plötzlich in das von ihm gestiftete Kloster St. Andreas zu Rom zurück, um wie ein Mönch in Askese und Meditation zu leben. Dies hinderte ihn allerdings nicht, das Schicksal der Kirche mit Aufmerksamkeit zu verfolgen und den Päpsten Benedikt I. und Pelagius II. mit Rat und Tat zu dienen. Von Pelagius zum

Diakon geweiht, siedelte er 579 als ständiger Vertreter des Papstes nach Konstantinopel über und führte auch am Kaiserhof die mönchische Lebensweise weiter. Vor der Wahl zum Papst im Jahre 590 verbrachte Gregor noch einmal mehrere Jahre in seinem Kloster in Rom.

Von seiner diplomatischen Tätigkeit im Osten her wußte Gregor nur zu genau, mit welcher Aufmerksamkeit und zugleich mit welchem Argwohn dort nicht allein der Kaiser, sondern auch die höchsten Kirchenführer auf Primatsansprüche des Bischofs von Rom reagierten. Wenn er nun für sich den bis dahin unbekannten Amtstitel *servus servorum Dei* („Diener der Diener Gottes") wählte, stand dahinter gewiß nicht ein versteckter Anspruch auf das höchste Amt in der Kirche, wie man ihn fälschlich aus dem Jesuswort „Wer unter euch der Erste sein will, der soll aller Knecht sein" (Mk 10,44) herauslesen wollte; vielmehr ist anzunehmen, daß er mit dieser Demutsformel den von ihm allerdings ungebührlich weit ausgelegten Titel „Ökumenischer Patriarch", den sich Patriarch Johannes IV. von Konstantinopel und sein Nachfolger Cyriacus zugelegt hatten, entschieden zurückwies. In dieser Absicht beschwor Gregor auch den Patriarchen Eulogios von Alexandrien inständig, ähnliche „ökumenische" Vorstellungen keinesfalls auf den römischen Bischof zu übertragen: „Du richtest Dich an mich mit den Worten: ‚Wie Du befohlen hast.' Ich bitte Dich, dieses Wort ‚befohlen' zurückzunehmen und nicht auf mich zu beziehen, denn ich bin mir bewußt, wer ich bin und wer Du bist. Der Würde nach bist Du mein Bruder, der Tugend nach mein Vater [...]. Doch in der Anschrift Deines Briefes legtest Du mir leider den stolzen Titel ‚Universalpapst' bei. Ich bitte Dich, das nicht mehr zu tun, denn das, was Du einem andern über Gebühr hinaus beilegst, ist Dir genommen. Und ich betrachte eine Ehre, wodurch meine Brüder die ihre verlieren, nicht als Ehrung. Meine Ehre ist die Ehre der gesamten Kirche. Meine Ehre ist die volle Lebenskraft meiner Brüder. Dann bin ich in Wahrheit geehrt, wenn allen einzelnen die schuldige Ehre erwiesen wird." Das 1. Vatikanische Konzil (1869/70) zitierte in der Konstitution

Pastor aeternus über den Primat des Papstes von diesem Abschnitt bezeichnenderweise nur den letzten Satz, obwohl einige Bischöfe die Wiedergabe des gesamten Textes gewünscht hatten.

In einem anderen Schreiben an denselben Patriarchen Eulogios rühmte Gregor zwar die herausragende Stellung des Petrus: „Wer weiß es nicht, daß die heilige Kirche auf die Festigkeit des Apostelfürsten gegründet worden ist, dessen Seelenstärke durch seinen Namen angedeutet ist, da Petrus von Petra [Fels] herstammt?" Er gab indes sogleich zu bedenken, daß Petrus drei Bischofssitze eingenommen habe, zuletzt den in Rom, und deshalb mit Recht von einer dreifachen Kirchenspitze gesprochen werden könne: „Obwohl es also viele Apostel gibt, so ist doch dem Sitz des Apostelfürsten, der sich aber an drei Orten befindet, die oberste Gewalt verliehen." Darauf folgt ein Appell zur Einigkeit oder, wie wir heute sagen würden, zur Kollegialität der Apostelnachfolger.

Die wenigen Zitate könnten den Eindruck entstehen lassen, als habe Papst Gregor keinerlei Verständnis für den Vorrang der römischen Kirche vor allen anderen Kirchen aufgebracht oder einen solchen Primat radikal abgelehnt. In seiner Briefkorrespondenz finden sich jedoch vereinzelt Äußerungen, die das Gegenteil annehmen lassen. So ermunterte der Papst in einem Brief an den Patriarchen Johannes von Konstantinopel kirchliche Vorgesetzte dazu, sündigen Mitgliedern der Kirche gegenüber ihre Autorität hervorzukehren, um auf diese Weise deren Umkehr leichter zu bewirken. Dieselbe Haltung wollte er bei Petrus selbst feststellen, „der nach Gottes Anordnung den obersten Rang in der heiligen Kirche" einnahm und diese höchste Autorität je nach Notwendigkeit zur Geltung brachte oder zurückstellte.

Allgemein läßt sich sagen, daß Gregor anders als sein Vorgänger Leo, der von seiner *plenitudo potestatis* („Fülle der Macht") in der Gesamtkirche überzeugt war und sich wie Petrus als sicherer Steuermann der Kirche betrachtete, die deshalb nie in Seenöte geraten würde, sich lieber mit dem „Versager" Petrus identifizierte und Worte wagte wie diese: „Von der höchsten Stelle wird dann gut regiert, wenn der, der vorsteht, eher über seine Laster als über seine Brüder herrscht". Und was die Kirche betrifft, die er als Papst zu leiten hatte, verglich er sie mit einem baufälligen Schiff, dessen Untergang vorherzusehen sei: „Aber ich unwürdiger und deshalb schwacher Mann habe ein altes und stark zerbrochenes Schiff übernommen. Überall dringen Fluten ein. In täglichen heftigen Unwettern künden die verfaulten und morschen Planken den Schiffbruch an." Jedenfalls lag Gregor ein kollegiales Verständnis seines Amtes viel näher als ein allein-herrliches Kirchenregiment. Deshalb schätzte auch Martin Luther diesen Papst als „den letzten Bischof der römischen Kirche", während er in allen folgenden Päpsten nichts als „Oberpriester der römischen Kurie" zu sehen vermochte.

Leo I. und Gregor I. – beide als einzige Päpste in der langen Geschichte der Kirche mit dem Beinamen „der Große" ausgezeichnet – sind ein sprechendes Beispiel dafür, wie sehr sich Päpste doch hinsichtlich der Auffassung ihres Amtes unterscheiden können. Freilich darf man nicht vergessen, daß zu dieser Zeit noch keine Definition des höchsten Amtes in der Kirche vorlag.

Ob Papst Leo der Große auch so selbstsicher geurteilt hätte, wenn ihm schon der „Fall" Honorius bekannt gewesen wäre, der sich nur zwei Jahrzehnte nach dem Pontifikat Gregors des Großen ereignete? Papst Honorius I. (625–638) vertrat nämlich mit der Meinung, Jesus habe nur *einen* göttlichen Willen besessen (Monotheletismus), eine Lehre, die nach seinem Tod vom 3. Konzil von Konstantinopel (680–681) ausdrücklich als Häresie verurteilt wurde. Keine Stimme, auch nicht die der anwesenden päpstlichen Legaten, erhob sich zur Verteidigung jenes Papstes. Dieser Vorgang wurde Jahrhunderte später beim 1. Vatikanischen Konzil als Argument gegen die Unfehlbarkeit des Papstes ins Feld geführt.

IV. Zwei Schwerter – zwei Reiche

Für das Verhältnis der jungen Kirche zum römisch-heidnischen Staat galt der Grundsatz, den der Apostel Paulus in seinem Schreiben an die Christen in Rom so formulierte: „Jeder leiste den Trägern der staatlichen Gewalt den schuldigen Gehorsam. Denn es gibt keine staatliche Gewalt, die nicht von Gott stammt; jede ist von Gott eingesetzt" (Röm 13,1). Im selben Sinn heißt es im 1. Petrusbrief prägnant: „Fürchtet Gott, und ehrt den Kaiser" (1 Petr 2,17). Anerkennung fremder Götter und göttliche Verehrung des Kaisers kamen also für Christen nicht in Betracht. Sooft man sie dazu zwang, fühlten sie sich verpflichtet, eher Verfolgung und Tod auf sich zu nehmen, als den Glauben an den einen Gott zu verraten.

Roma aeterna (Roma christiana)

Die Römer der Antike verstanden unter *Orbis Romanus* die ganze Welt mit der Stadt Rom als Mittelpunkt. Jupiter selbst habe Rom ewige Herrschaft versprochen, meinte der Dichter Vergil. Das „Ewige Rom" – *Roma aeterna* ist seit Kaiser Hadrian (117–138) ein feststehender Ausdruck – sollte nach dem Willen der Götter die sittliche Ordnung der ganzen Welt garantieren.

Die junge Kirche bekämpfte diesen heidnischen Romgedanken konsequent und erfüllte ihn mit christlichem Geist. Mit Erfolg konnte dies freilich erst geschehen, nachdem die *religio christiana* – „religio" im allgemeinen Sinn von Gottesverehrung – dank Kaiser Konstantin I. einen legitimen Status im Römischen Reich erlangt hatte. Rom, die Stadt der Apostel Petrus und Paulus, galt jetzt als die Hauptstadt des *Orbis Christianus* und die Lateranbkirche in Rom als die Mutterkirche aller Kirchen auf Erden. Für Eusebius von Cäsarea († 339), den untertänigen Bischof am Kaiserhof in Konstantinopel, gehörten das eine (Römische) Reich und der eine (christliche) Glaube untrennbar zusammen. Ebenso dachte der

Spanier Prudentius († 405), einer der bedeutendsten christlichen Dichter in antiker Zeit, wenn er Rom und Christentum in engste Verbindung zueinander brachte. Das offiziell christliche Rom spielte jetzt im größtenteils noch heidnischen *Imperium Romanum* die Rolle eines Protektors der Weltordnung, zunächst durch Anpassung an das römische Verwaltungssystem und erst viel später, zu Beginn des 2. Jahrtausends, durch Anschluß an das altrömische Recht, dessen Einflüsse sich im Kirchenrecht durch die Jahrhunderte bis zum *Codex Iuris Canonici* (1918) feststellen lassen. Wie die weltlichen und religiösen Gesetze einst von Rom, dem *caput Imperii,* ausgegangen waren, so sollten die kirchlichen Gesetze nun von Rom, dem *caput Ecclesiae,* kommen. Treffend formulierte der Kirchenhistoriker Klaus Schatz diese Transformation mit den Worten: „Aus der Kirche der Tradition, in welcher die Bindung an den Ursprung besonders stark ist (Irenäus), wird die Kirche der Hauptstadt, die der Welt ihre Gesetze mitteilt: aus dem Rom der Paradosis, das bezeugt, wird das Rom der Gesetzgebung, das befiehlt." Langsam wandelte sich das antike Rom zu einem christlichen, ohne jedoch seinen Ursprung ganz zu verleugnen, wie es das Apsismosaik der Kirche S. Pudenziana in Rom bezeugt: in der Mitte der thronende Christus und zu beiden Seiten stehend Petrus und Paulus in der Toga eines römischen Senators.

Konstantin der Große (306–337) war der erste Kaiser, dem die Kirche nach Zeiten blutiger Verfolgung ihre öffentliche Anerkennung und großzügige Förderung verdankte. Er schenkte Bischof Miltiades von Rom (311–314) unter anderem den Palast der Kaiserin Fausta auf dem Monte Celio, den heutigen Lateranpalast. Der Kaiser fühlte sich, ohne selbst getauft zu sein, nach römischem Staats- und Religionsverständnis berufen, bei schwerwiegenden theologischen Meinungsverschiedenheiten schlichtend einzugreifen.

Daß der römische Bischof Silvester (314–335) Kaiser Konstantin vom Aussatz geheilt und getauft und zum Dank dafür die Herrschaft über das gesamte Abendland erhalten habe, ist der Hauptinhalt der am Ende des 5. Jahrhunderts entstandenen Silvesterlegende. Diese fand Aufnahme in die „Konstantinische Schenkung" *(Donatio Constantini)*, eine noch weiter reichende Urkundenfälschung aus der zweiten Hälfte des 8. Jahrhunderts, die aber erst im Spätmittelalter als Fälschung erkannt wurde. Gemäß dieser Schenkung trat Konstantin dem Papst als Stellvertreter des hl. Petrus *(vicarius sancti Petri)*, dessen Gewalt über die Kirche von Christus selbst stamme (Mt 16,18), den Primat über die ganze Kirche ab und verlieh ihm die Herrschaft über Rom und alle westlichen Länder.

Je mehr die Macht des Kaisers im Westen schwand, desto stärker wuchsen Ansehen und Einfluß der römischen Kirche mit ihrem Bischof an der Spitze. Die Verlegung der kaiserlichen Residenz von Rom nach Byzanz (330) brachte der *sedes apostolica* in Rom einen ungewöhnlich großen Prestigegewinn. Jetzt fielen dem römischen Bischof auch politische Aufgaben zu, die bis dahin Sache des Kaisers gewesen waren. Auf die Stellung und Sendung des Papstes mußte sich jedoch schädlich auswirken, daß er unter Vernachlässigung seiner kollegialen und synodalen Verpflichtung immer mehr die monarchische Regierungsweise des Kaisers nachahmte. Auf der anderen Seite trug die erstarkende Rechtsposition des römischen Bischofs entscheidend dazu bei, daß die Kirche im Abendland gegenüber weltlichen Machthabern, insbesondere gegenüber dem Kaiser, eine Eigenständigkeit erringen konnte, wie sie für Patriarchen und Metropoliten im Bereich der Ostkirchen aufgrund ihrer Einbindung in das Staatskirchenmodell undenkbar war.

„Konstantinische Wende" oder „Konstantinischer Sündenfall?"

Noch zur Zeit Konstantins des Großen waren innerkirchlich Stimmen gegen die vielfältigen Gunsterweise von seiten des Staates zu vernehmen. Radikale Kritiker meinten sogar, dieser Kaiser habe der Kirche mit seinen Versprechungen und Vergünstigungen Gift eingeträufelt. Heute halten wir es für selbstverständlich, daß die Kirche, wie die anderen Religionsgemeinschaften auch, bei der Ausübung ihrer *religio* die ihr bis dahin verwehrte Freiheit genießen konnte. Damit erfüllte sich endlich eine Hauptforderung frühchristlicher Apologeten. Freilich lief die Kirche nunmehr Gefahr, schnell in eine andere Unfreiheit zu geraten, da nämlich der Kaiser den Anspruch erhob, auch in rein kirchlichen Belangen entscheidend mitzureden. Der vielzitierte „Sündenfall" ereignete sich aber nicht schon zu Beginn des 4. Jahrhunderts unter dem genannten Konstantin, sondern erst gegen Ende desselben Jahrhunderts, als Kaiser Theodosius I. (379–395) den Glauben der Kirche zur alleinigen „Religion" des Staates erhob und gleichzeitig alle übrigen Religionen verbot. Konflikte zwischen *imperium* und *sacerdotium* waren nun unschwer vorauszusehen, da die kaiserliche Macht gemäß dem System der Reichskirche über der kirchlichen stand und es im Grunde nur eine einzige Macht für beide Bereiche gab. Mit der Verlegung der kaiserlichen Residenz von Rom nach Byzanz bahnte sich im Abendland ein Dualismus von geistlicher und weltlicher Gewalt an, der häufige Auseinandersetzungen zwischen den Trägern beider Gewalten zur Folge haben sollte. Im Osten dagegen schwand der Einfluß des Papstes, der zu keiner Zeit sonderlich groß gewesen war, mehr und mehr dahin. Während nun der Papst als Bischof im „kaiserlosen" Rom seinen erst zu dieser Zeit mit Nachdruck erhobenen Primat in der abendländischen Kirche festigen und ausbauen konnte, mußte sich der Patriarch von Konstantinopel mit der Rolle eines abhängigen Hofbischofs begnügen.

Papst Leo I. (440–461) wollte, wenngleich er für eine enge Zusammenarbeit zwischen Kirche und Staat eintrat, die Eigenständigkeit beider Bereiche stets gewahrt sehen; denn nach seiner Überzeugung lagen zwei voneinander unterschiedene Gewalten vor: die *potestas imperialis* und die *auctoritas sacerdotalis,* wobei dem Religiösen immer der Vorrang gebühre. Mit diesem Konzept beschritt er einen Weg, der sich von dem Kurs, den die kaiserliche Religionspolitik im Osten vorschrieb, immer weiter entfernen mußte.

Zwischen Papst Simplicius (468–483) und Patriarch Akakios von Konstantinopel kam es zu heftigen Kontroversen wegen der Aufwertung des Bischofssitzes von Konstantinopel unmittelbar hinter Rom und wegen des auf dem Konzil von Chalkedon (451) verurteilten Monophysitismus – danach besaß Jesus nur eine göttliche und nicht auch eine menschliche Natur –, der im Osten dennoch weiterhin viele Anhänger fand und Papst Felix III. (II.) (483–492) veranlaßte, den monophysitisch gesinnten Patriarchen Akakios von der kirchlichen Gemeinschaft auszuschließen. Doch Akakios' Nachfolger Euphemius hielt ebenso wie Kaiser Anastasios den römischen Bannspruch für nicht rechtmäßig.

Papst Gelasius I. (492–496), afrikanischer Abstammung, aber in Rom geboren, verteidigte den Vorrang der römischen Kirche ganz im Sinne Leos des Großen. Dieser Auffassung entsprach es, wenn die Synode von Rom (495) den Papst erstmals als „Stellvertreter Christi" begrüßte. So hatten ihn übrigens andere Bischöfe schon vorher genannt. In einem Antwortschreiben an die illyrischen Bischöfe vom 1. Februar 496 legte Gelasius, wie kein anderer römischer Bischof vor ihm, größten Wert auf den päpstlichen Iurisdiktionsprimat: „Wir können nicht verschweigen, was die gesamte Kirche auf dem Erdteil weiß, daß der Stuhl Petri das Recht hat zu lösen, was auch immer durch die Entscheidungen irgendwelcher Bischöfe gebunden worden ist, und daß er das Recht hat, jede Kirche zu richten, während niemand das Recht hat, über ihn zu Gericht zu sitzen. Die Dekrete haben bestimmt, daß man an diesen Stuhl aus aller Welt appellieren kann, aber daß keine Berufung von ihm [an eine andere Instanz] erlaubt ist."

So sehr Gelasius einerseits für den Papst die höchste Autorität in der Kirche forderte, auch gegenüber dem byzantinischen Kaiser als Glied der Kirche, trat er andererseits doch für eine strikte Trennung von Staat und Kirche ein und legte dafür zumindest die theoretische Grundlage. Nach der Absetzung des letzten weströmischen Kaisers Romulus Augustulus durch den Söldnerführer Odoaker im Jahre 476 bestand ohnedies nur noch das oströmische Kaisertum. Wie Gelasius sich das

Verhältnis zwischen *imperium* und *sacerdotium* vorstellte, erörterte er ausführlich in einem Schreiben an Kaiser Anastasios aus dem Jahr 494: „Es sind zwei, ehrwürdiger Kaiser, von denen diese Welt prinzipiell regiert wird: die heilige Autorität der Päpste und die königliche Gewalt *(auctoritas sacrata pontificum et regalis potestas)*. Unter diesen haben die Priester ein um so größeres Gewicht, als sie auch für die Könige unter den Menschen bei der göttlichen Prüfung Rechenschaft ablegen müssen. Denn Du weißt, mildtätigster Sohn, daß Du, obwohl Du aufgrund Deiner Würde dem Menschengeschlecht vorstehst, dennoch den Verwaltern des Göttlichen demütig den Nacken beugst und von ihnen die Urgründe Deines Heils erwartest und daß Du beim Genuß der himmlischen Sakramente Dich der Ordnung der Religion *(religionis ordine)* eher unterwerfen mußt, als ihr Vorschriften zu machen, und daß Du insofern von ihrem [der Verwalterin des Göttlichen] Urteil abhängig bist und nicht jene von Dir. Denn wenn die heiligen Priester in Fragen der öffentlichen Ordnung Deinen Gesetzen gehorchen, da sie wissen, daß Dir die Macht von oben gegeben ist, und sie nicht den Anschein erwecken wollen, als widersetzten sie sich in weltlichen Dingen solch einem erlauchten Urteil, wie mußt dann Du denen begegnen, die die Vorrechte ehrwürdiger Geheimnisse für sich in Anspruch nehmen können? Es ist deshalb kein leichtes Vergehen, wenn Priester in religiösen Dingen verschweigen, was zu sagen ist; entsprechend begeben sich diejenigen, die zum Gehorsam verpflichtet sind, in große Gefahr, wenn sie – was ferne sei! – das Gebot verachten. Wenn sich nun also die Herzen der Gläubigen allen Priestern, die das Göttliche rechtmäßig verwalten, unterwerfen müssen, um wieviel mehr muß dem Vorsteher jenes Stuhls Folge geleistet werden, der an höchstem göttlichen Willen alle Priester überragen sollte und den fortwährend die Pietät der Gesamtkirche gepriesen hat." Diese Anschauung, auch als klassische Zwei-Gewalten-Lehre oder Zwei-Schwerter-Lehre bekannt, deckt sich weitgehend mit Gedanken des Ambrosius von Mailand und des Augustinus von Hippo. Augustinus unterschied zwar in seinem Hauptwerk *De civitate Dei* zwischen der *civitas caelestis* und der *civitas terrena,* beharrte aber dennoch auf der Selbständigkeit und Überordnung der Kirche. Durch spätere Aufnahme in die pseudoisidorischen Dekretalen sowie in das *Decretum Gratiani* erlangte die Gelasianische Theorie von den zwei Gewalten eine weitreichende Wirkung.

Am Ende des 5. Jahrhunderts, an der Wende von der Spätantike zum Mittelalter, verstand sich das Papsttum vornehmlich als ein Herrschaftssystem, das sich auf einen Glauben und ein Recht stützte, die in beiden Fällen römisches Gepräge trugen. Gelasius vollendete, was sich bei Leo dem Großen schon ansatzweise gezeigt hatte, indem er die Vollmachten des Apostolischen Stuhls weit über die Rechte eines Allgemeinen Konzils stellte. Mit Blick auf die Synode von Ephesus (449) und das Konzil von Chalkedon (451) beanspruchte er für Rom prinzipiell das entscheidende Wort bei der Anerkennung und Durchsetzung bestimmter Dekrete. In diesem Sinn gab er Kaiser Anastasios zu bedenken: „So wie das, was der erste Bischofsstuhl nicht billigte, keine Unterstützung haben konnte, so nahm die ganze Kirche auf, was jener zu urteilen für richtig erachtete." Von hier läßt sich eine direkte Linie ziehen zum Konzilsgeschehen im Hochmittelalter. Allerdings war die *Ecclesia* dann nicht mehr eine, sondern gespalten in abendländische und morgenländische Kirche.

V. Die Abwendung des Papsttums vom Morgenland

Nach der Vertreibung des in Ravenna residierenden Vertreters (Exarchen) des oströmischen Kaisers durch die Langobarden in Oberitalien nutzte das Papsttum die willkommene Gelegenheit zur Abkehr von Byzanz, indem es sich den Herrschern im Frankenreich annäherte.

Die Langobarden durften noch unter König Authari († 590) ihre Kinder nur arianisch, nicht katholisch taufen lassen. Sein Nachfolger Agilulf, dessen Gemahlin Theodelinde, aus bayerischem Geschlecht, dem katholischen Glauben anhing, erwies sich als toleranter, wenngleich er selbst nicht katholisch wurde. Erst nachdem sein Sohn Adalwald König geworden war, betrieb Agilulf eine betont katholische Politik, mit der Folge, daß die Mehrheit der Langobarden bald den katholischen Glauben annahm.

Papst Zacharias (741–752) wandte sich vom letzten, machtlos gewordenen Merowingerkönig Childerich ab, unterstützte statt dessen den Hausmeier Pippin den Jüngeren, der tatsächlich die Macht in Händen hielt, und legitimierte ihn dadurch als obersten Herrscher der Franken. Sein Nachfolger Stephan II. salbte Pippin 754 in St. Denis zum König und verlieh ihm den Titel eines *Patricius Romanorum,* um ihn dadurch als Schutzherrn der römischen Kirche zu verpflichten und gleichzeitig als Bundesgenossen im Kampf gegen die Langobarden zu gewinnen. Mit diesem Schritt begann die institutionell-rechtliche und machtpolitische Verklammerung des Papsttums mit dem fränkischen Königtum. Voller Dankbarkeit schenkte der neue Frankenkönig dem Papst Gebiete, die zum Teil den Langobarden gehörten, und begründete damit den Kirchenstaat, dessen Umfang sein Sohn Karl (der Große) beträchtlich erweiterte.

Unter Papst Hadrian I. (772–795) und Karl dem Großen (768–814) zerrissen die immer loser gewordenen Bande zwischen Konstantinopel und Rom vollends. Karl bemächtigte sich 774 der eisernen Krone der Langobarden und führte stolz den Titel *Rex Francorum et Langobardarum atque patricius Romanorum*. Am Weihnachtsfest des Jahres 800 krönte ihn Leo III. in St. Peter zum Kaiser.

Der *Patricius Romanorum* trat im Abendland, d.h. im ehemals weströmischen Reich, an die Stelle der byzantinischen Kaiser. Auch wenn Karl der Große die Oberherrschaft des Papstes in geistlicher Hinsicht respektierte, behandelte er doch die fränkische Kirche wie eine königliche Theokratie. Die hier beginnende Entwicklung setzte sich, wenn wir von Papst Nikolaus I. absehen, über zwei Jahrhunderte hinweg fort, bis Papst Gregor VII. im 11. Jahrhundert mit dem Programm eines römischen Zentralismus und einer priesterlichen Hierokratie eine entscheidende Epoche der Kirchengeschichte einleitete, die auch als „Gregorianische Kirchenreform" bekannt ist.

Die Päpste suchten schon frühzeitig die Umklammerung durch das westliche Kaisertum abzuschütteln, zumal da sie sich ihres universalen Anspruchs bewußt blieben und deshalb ihre Autorität auch im Osten immer wieder geltend zu machen suchten. Vor allem Nikolaus I. (858–867), ein geborener Herrscher, ließ keinen Zweifel daran, daß der Papst als Stellvertreter Gottes auf Erden die „volle Gewalt" *(plenitudo potestatis)* über die Kirche besitze. Infolgedessen kümmerte er sich um die Eheaffäre Kaiser Lothars II. ebenso wie um den Rangstreit des mächtigen Reimser Erzbischofs Hinkmar mit einem seiner Suffraganbischöfe und die Zwistigkeiten zwischen den Patriarchen Ignatios und Photios. Selbst im ökumenischen Konzil sah Nikolaus ein Organ, das die päpstlichen Entscheidungen als letztgültig zu akzeptieren und zu propagieren hatte. Verwunderlich ist freilich, daß nicht einmal im Abendland eine päpstliche Generalsynode zustande kam. Den Synoden auf Provinzebene sprach der Papst jegliche Autonomie ab und forderte für sich das letzte Entscheidungsrecht.

Höchste Kompetenz auch im Bereich der Ostkirche behauptend, weigerte Nikolaus I. sich entschieden, Photios als Patriarchen von Konstantinopel anzuerkennen, nachdem dessen Vorgänger Ignatios zum Rücktritt gezwungen worden war, und schloß ihn 863 auf einer römischen Synode von der Kirche aus. Im Jahre 867 reagierte die Synode von Konstantinopel mit dem Gegenbann an die Adresse des Papstes und bezichtigte die lateinische Kirche gleichzeitig einer Reihe dogmatischer Irrtümer. Einige Jahre später rehabilitierte eine weitere Synode in Konstantinopel (869/70) Ignatios und setzte Photios ab. Was das grundsätzliche Verhältnis zwischen Konzil und Papst betrifft, müssen sich die Synodalen nunmehr auf einen Kompromiß geeinigt haben, denn im Kanon 21 heißt es: „Wenn eine allgemeine Synode zusammentritt und dort hinsichtlich der heiligen römischen Kirche Meinungsverschiedenheit oder Streit entsteht, dann besteht die Pflicht, die anstehende Frage mit der gebührenden Ehrfurcht zu betreiben und sich um eine Lösung zu bemühen, die in jeder Hinsicht von Nutzen ist, nicht aber gegen die Päpste von Alt-Rom in leichtfertiger Weise ein Urteil zu fällen." Es ist darum nicht verwunderlich, daß das nach dem Tod des Ignatios einberufene Konzil von Konstantinopel (879/80) die zehn Jahre zuvor abgehaltene Synode für ungültig erklärte und eine Rückkehr des Photios auf den Patriarchenstuhl, jetzt mit Zustimmung Roms, billigte.

Papst Johannes VIII. (872–882) rühmte Rom als *civitas sacerdotalis et regalis per sacram sedem*. Zur Verteidigung des römischen Primats führte er nicht allein die Apostel Petrus und Paulus sowie zahlreiche Martyrer ins Feld, sondern erinnerte auch an die Bedeutung der Stadt zur Zeit der heidnischen Antike. Mit der Kaiserkrönung Karls des Kahlen an Weihnachten 875 und Karls III. wenige Jahre später machte Papst Johannes deutlich, daß dieser Akt für das westliche Kaisertum fortan unerläßlich sei.

Das „dunkle Jahrhundert"

Man kann das sogenannte *saeculum obscurum* der Papstgeschichte – auch schon „Weiber- und Hurenregiment" oder „Zeitalter der Pornokratie" genannt – mit dem Mord an Papst Johannes VIII. im Jahre 882 beginnen und mit der

Absetzung dreier konkurrierender Päpste im Jahre 1046 enden lassen. Von den 45 Päpsten dieses Zeitraums wurde ein Drittel ihres Amtes enthoben, ein weiteres Drittel endete im Kerker oder im Exil oder starb durch Mörderhand.

Papst Formosus (891–896) wurde erst nach seinem Tod auf einer römischen Synode in einem Schauprozeß als Häretiker verurteilt. Die Szene glich freilich eher einem Schauerprozeß in Gegenwart des exhumierten und mit päpstlichen Gewändern bekleideten Leichnams.

Die mächtige römische Senatorin Marozia († ca. 936), seit 926 mit dem Markgrafen Guido von Tuszien vermählt, trat Papst Johannes X. (914–928) entgegen, weil dieser mit König Hugo von Italien zugunsten seines Bruders Petrus politische Händel trieb. Petrus wurde erschlagen, der Papst selbst starb, wahrscheinlich durch Mord, im Gefängnis. Marozia konnte es auch durchsetzen, daß ihr illegitimer Sohn Giovanni als Papst Johannes XI. (931–935) die katholische Kirche regierte. Einer ihrer Enkel wurde Papst Johannes XII. (955–964) – vordem hieß er Oktavian – und dachte auch jetzt nicht daran, sein sittenloses Leben aufzugeben. Dies hinderte jedoch den deutschen König Otto d. Gr. (936–973) nicht, sich von diesem unwürdigen Papst die Kaiserkrone aufs Haupt setzen zu lassen. Im Gegenzug bestätigte der neue Kaiser dem Papst den Besitz des Kirchenstaates. Der Kaiser selbst sollte fortan bei der Wahl eines neuen Papstes mitwirken dürfen. Allerdings ließ Kaiser Otto den schon bald mit dem römischen Adel in Konflikt geratenen Papst im Stich, so daß diesem nur die Flucht aus Rom blieb. Wenig später folgte seine Absetzung. Otto knüpfte ganz allgemein an die karolingische Tradition an und machte die Kirche wieder zur Staatskirche, über die er und auch seine Nachfolger nahezu absolut gebieten konnten. So ergab sich ein enges Zusammenwirken von Staat und Kirche, entsprechend dem Prinzip des *do ut des*. Friedrich Kempf konstatierte zu Recht: „Um von den Kirchen stärkere Leistungen für das Reich fordern zu können, sparten die Herrscher weder mit Schenkungen aus Krongut noch mit Immunitätsprivilegien, die den Bischöfen die volle Gerichtsbarkeit, auch über schwere Kriminalfälle, einräumten." Weltliche und kirchliche Gewalten verfolgten letztlich als politisch-religiöses Ziel einen Gottesstaat auf Erden. Die Könige standen aufgrund ihrer Salbung und Weihe auf einer Stufe mit den Bischöfen. Es erregte daher kaum Ärgernis, daß weltliche Regenten die Bischöfe mit Ring und Stab in ihr kirchliches Amt einführten (Investitur). Der wachsenden Opposition gegen diese ottonische Staatskirche war erst im Investiturstreit am Ende des 11. und zu Beginn des 12. Jahrhunderts Erfolg beschieden.

Johannes XIII. (965-972) krönte den jungen Otto II. im Jahre 967 zum Kaiser und förderte auch dessen Heirat mit der byzantinischen Prinzessin Theophanu (972). Aufstände gegen die Päpste gehörten zur Tagesordnung. Meist handelte es sich um Kämpfe rivalisierender Adelsgeschlechter. Die Crescentier führten den Sturz Papst Benedikts VI. (973-974) herbei und setzten Bonifaz VII., der seinen Vorgänger erdrosseln ließ, auf den Papstthron – allerdings nur für kurze Zeit, weil Bonifaz mit dem Kirchenschatz zu den Griechen flüchtete. Er kehrte jedoch 984 nach Rom zurück, erreichte mit Hilfe des römischen Adels den Sturz Papst Johannes' XIV. (983-984), der im Gefängnis verhungerte, und stand noch für ein knappes Jahr als legitimer Papst an der Spitze der Kirche, bis er 985 weithin verachtet starb.

Kaiser Otto II. wie auch sein Sohn Otto III. (983-1002) verfügten über die Vergabe des päpstlichen Stuhles fast nach Belieben. Mit Gregor V. (996-999) – das ist sein Vetter Bruno von Kärnten – brachte Otto III. erstmals einen Deutschen und mit Silvester II., seinem früheren Ratgeber Gerbert von Aurillac, zum ersten Mal einen Franzosen auf den Papstthron. Der junge Kaiser rächte sich an den Crescentiern, weil sie Erzbischof Johannes Philagathos von Piacenza, einen gebürtigen Griechen aus Süditalien, im Jahr 997 zum Gegenpapst (Johannes XVI.) erhoben hatten: Crescentius II. wurde enthauptet und mit zwölf Gesinnungsgenossen aufgehängt. Den Gegenpapst selbst, der auf der Flucht festgenommen und verstümmelt worden war, setzte eine römische Synode ab und bestrafte ihn mit lebenslanger Haft in einem römischen Kloster. Otto III. verfolgte als großes Ziel, das Imperium Romanum wiederherzustellen, mit Rom als Hauptstadt, in der er seine Residenz aufschlagen wollte.

Theophylakt aus dem Grafengeschlecht von Tusculum wurde als Laie zum Papst erhoben und nannte sich Benedikt VIII. (1012–1024). Sein Bruder Romanus, Konsul in Rom, folgte ihm als Johannes XIX. (1024–1032) auf dem Stuhl des Petrus, ein Beweis dafür, daß das Papstamt als Familienerbe angesehen werden konnte. Für das enge Zusammenwirken von Kaisertum und Papsttum spricht, daß die Gründungsfeierlichkeiten des von Kaiser Heinrich II. gegründeten Bistums Bamberg im Jahre 1020 in Gegenwart Papst Benedikts VIII. stattfanden. Zwei Jahre später weilten beide auf der Synode von Pavia, die den vielen Priesterehen ein Ende machen wollte.

Papst Gregor VI. (1045–1046) erkaufte sich die päpstliche Würde von seinem Patenkind, dem Tusculanerpapst Benedikt IX., der gegen eine beträchtliche Abfindung auf sein Amt verzichtete. 1046 jedoch setzte Kaiser Heinrich III. auf einer Synode in Sutri alle drei Papstprätendenten (Gregor VI., Benedikt IX. und Silvester III., den Kandidaten der Crescentier) ab und ernannte den zu seinem Gefolge zählenden Bischof Suitger von Bamberg zum Papst (Clemens II.). Dieser regierte ein knappes Jahr, bis er einem Giftmord zum Opfer fiel.

Wir wollen dieses dunkle Kapitel in der Geschichte der Kirche und insbesondere der Päpste abschließen. Es genügt zu wissen, daß es Päpste gab, die nicht nur dem moralischen Anspruch ihres Amtes nicht gerecht wurden, sondern sogar in schwere Verbrechen verwickelt waren.

VI. Das Morgenländische Kirchenschisma

Das Papsttum im 11. Jahrhundert trug revolutionäre Züge, weil es eine neue Auffassung von der Kirche hervorbrachte. Die eigentlichen Initiatoren waren aber weniger Päpste, sondern Theologen. Bei diesen müssen wir zuerst in die Schule gehen, um zu erfahren, was ihre gelehrigen Schüler, meist Mönche, als energische Akteure auf der *Cathedra Petri* ins Werk setzten.

Die Kirchenführer im Osten antworteten immer dann mit Mißtrauen und Protest, wenn sie es mit römischen Bischöfen zu tun hatten, die auf ihren Vorrang in der Gesamtkirche pochten. Auf den monarchischen Primatsanspruch Roms reagierte der Osten zu allen Zeiten mit einem kompromißlosen Nein. Entschiedene Ablehnung fanden vor allem solche römischen Ansprüche, die unter dem Titel „Haupt-" oder „Mutterkirche" erhoben wurden und von der Gegenseite die untertänige Haltung einer Teil- oder Tochterkirche erwarteten. Griechisch-byzantinische Theologen wollten die Stimme des Petrus im jeweiligen Papst nur dann vernehmen, wenn dieser auch den Glauben des Petrus bekannte. Einen Vorrang Roms akzeptierten die östlichen Hierarchen allein dann, wenn der römische Bischofssitz als erster der Apostelsitze *(prima sedes)* und sein Inhaber als erster unter Gleichgestellten *(primus inter pares)* verstanden wurde. Daß dem Papst in Rom, der auf östlicher Seite als Patriarch des Abendlandes galt, ein Ehrenprimat zukomme, war zu keiner Zeit umstritten.

Durch eine besondere Art der Petrusverehrung zeichnete sich das zu Beginn des 10. Jahrhunderts in Burgund gegründete Reformkloster Cluny aus. Es empfahl sich dem Schutz der Apostel Petrus und Paulus, woraus seine Zugehörigkeit zum Stuhl Petri und damit seine Unabhängigkeit von jeder bischöflichen oder weltlichen Autorität erwuchs. So ist es auch nicht verwunderlich, daß es die zunächst noch spärlichen Reformbemühungen einzelner Päpste tatkräftig unterstützte. Der aus der Toskana stammende Hildebrand, in jungen Jahren Mitglied des cluniazensischen Marienklosters auf dem Aventin in Rom, begleitete Papst Gregor VI. ins Exil nach Deutschland. Er weilte auch für kurze Zeit im Kloster Cluny, bis der zum Papst erhobene Bischof Bruno von Toul – er wählte als Papst den Namen Leo IX. (1049–1054) – ihn als Ratgeber mit nach Rom nahm und dort zum Abt des Benediktinerklosters S. Paolo fuori le mura ernannte. Unter den folgenden Päpsten wurde Hildebrand als Archidiakon der römischen Kirche und päpstlicher Legat eine der einflußreichsten Gestalten, die den Kurs des Reformpapsttums bestimmten. Als Papst Gregor VII. (1073–1085) stand er an der Spitze der römisch-katholischen Kirche und betrieb mit ungewöhnlicher Strenge eine allgemeine Reform der Kirche, die nach ihm auch „Gregorianische Reform" genannt wird.

Zu den an vorderster Front stehenden Kämpfern für eine kirchliche Erneuerung gehörte Petrus Damiani (1007–1072), Mitglied der Eremitenkongregation von Camaldoli (bei Rom) und seit 1057 Kardinal. Dieser Feuerkopf rechnete die Durchführung einer allgemeinen Reform der Kirche zu den Hauptaufgaben des Papsttums, sah er doch im Papst selbst den „alleinigen universalen Bischof aller Kirchen."

Auch der Mönch Humbert vom Kloster Moyenmoutier, das zum Mutterkloster Cluny gehörte, folgte, wie der genannte Hildebrand, einer Einladung Leos IX. nach Rom. Als Kardinal-Bischof von Silva Candida zählte er zu den engsten Mitarbeitern des Papstes. Seine Vorstellung von der Kirche kreiste einzig und allein um die *ecclesia Romana* und die *sedes Petri*. Was das Verhältnis der Kirche von Rom zu allen anderen Kirchen betraf, gebrauchte er für die römische Kirche in strenger Auslegung des Jesuswortes „Du bist Petrus, der Fels, und auf diesen Felsen will ich meine Kirche bauen" (Mt 16,18–19) Begriffe wie *caput* (Haupt), *mater* (Mutter), *fons* (Quelle) und *fundamentum* (Grundlage). In einer Antwort an den byzantinischen Patriarchen Kerullarios und den bulgarischen Erzbischof Leon von Achrida schrieb Humbert, die römische Kirche habe noch nie geirrt und werde auch niemals irren. So bildete sich die Überzeugung, daß die Kirche Roms als einziger Hort der Wahrheit von allen Christgläubigen auf der ganzen Erde bedingungslosen Gehorsam und bereitwilligen Dienst fordern könne. Yves Congar urteilte treffend: „Humbert und Leo IX. neigen dazu, die Kirche als einen einzigen Herrschaftsbereich zu verstehen, der der päpstlichen Monarchie unterworfen ist; die Bischöfe sollten an deren Gesamtverantwortung und Gewalt nur zu ihrem Teil beteiligt sein." So wurde der in den ersten Jahrhunderten lebendige Gedanke von der Kirche als Gemeinschaft *(communio)* durch eine petrinische Ekklesiologie förmlich außer Kraft gesetzt. Mit diesem Konzept war Kardinal Humbert gewiß der denkbar ungeeignetste Legat, den Papst Leo IX. zusammen mit Kardinal Friedrich, dem Kanzler der römischen Kirche, und Erzbischof Peter von Amalfi im Jahre 1054 in die Kaiserstadt Konstantinopel schickte, um Kaiser Konstantin IX. Monomachos für eine politische Allianz gegen die Normannen in Süditalien zu gewinnen. Unerläßliche Voraussetzung dafür war, daß die Verbündeten auch in den wesentlichen Aussagen des christlichen Glaubens übereinstimmten. Doch die erst in jüngster Zeit wieder offensichtlich gewordenen Differenzen zwischen der griechischen und der römischen Kirche ließen wenig Gutes erhoffen. Anton Michel schilderte die damalige Lage so: „Die Liebesbande, die in den frühesten Zeiten Ost und West umschlungen hatten, sind zerrissen [...]. Osten und Westen besorgen ihre kirchlichen Angelegenheiten völlig selbständig. Beide Kirchen bilden kein organisches Ganzes mehr, die Blutzirkulation hat aufgehört [...]. Der Unfriede dauert schon so lange, daß der Anlaß dazu nicht mehr klarzulegen ist." Wie wenig dies aber für alle Ostkirchen zutraf, wissen wir vom Patriarchen Petros von Antiochien. In seiner Thronanzeige (1052) an die Adresse des Papstes heißt es ausdrücklich, daß man in Glaubensfragen keinen Unterschied zwischen der römischen und der antiochenischen Kirche entdecken könne.

Jedenfalls erschwerte die angespannte kirchliche Situation zwischen Rom und Byzanz den Auftrag der päpstlichen Dreierdelegation. Patriarch Kerullarios, von tiefer Abneigung gegen die Lateiner und starkem Verlangen nach Selbständigkeit erfüllt, mißbilligte die politischen Unionspläne, weil er von ihrem Gelingen eine Stärkung der päpstlichen und eine Minderung seiner eigenen Autorität und Rechte befürchtete. Eine ähnliche Stimmung herrschte unter dem Volk. Zu Beginn des Jahres 1053 war es in Konstantinopel zu haßerfüllten Ausschreitungen gekommen: Tabernakel lateinischer Kirchen waren aufgebrochen, konsekrierte Hostien verunreinigt, Kirchen und Klöster der Lateiner geschlossen worden. Auf theologischer Ebene entstanden Traktate, um dogmatische und disziplinäre Unterschiede zwischen den beiden Kirchen ins Bewußtsein zu rücken. Leo IX. unterstrich in einem Schreiben an Kerullarios und Bischof Leon von Achrida den Vorrang der römischen Kirche vor allen anderen Kirchen. Dies alles trug dazu bei, daß die kirchliche Einheit zwischen Abendland und Morgenland immer tiefere Risse erhielt und folglich auch die politischen Unionsbestrebungen scheitern mußten.

Den größten Schaden aber richteten die Gesandten des Papstes selbst an, als sie den Primat des Papstes und infolgedessen die Unterordnung der byzantinischen Kirche unter die Kirche von Rom zum entscheidenden Thema der Gespräche machten. Nach Empfängen bei Kaiser und Patriarch, mehreren Einzelgesprächen und einer öffentlichen Disputation im Kloster Studiu kam es am 16. Juli in der Patriarchatskirche Hagia Sophia zu einem höchst bedauerlichen Eklat: Kardinal Humbert legte in Gegenwart des Kaisers und des Patriarchen auf dem Altar ein Schreiben nieder, das zwar Patriarch Kerullarios, Bischof Leon von Achrida und den Sakellarios Konstantinos sowie deren Anhänger exkommunizierte, jedoch nicht die gesamte byzantinische Kirche. Die byzantinische Seite reagierte auf einer Synode ebenfalls mit einem Exkommunikationsspruch, der wiederum nicht die ganze römisch-lateinische Kirche, auch nicht den römischen Bischofsstuhl, der übrigens zu diesem Zeitpunkt wegen Leos IX. Tod vakant war, sondern nur jene treffen sollte, die – ohne daß auch nur ein Name genannt wurde – mit der Abfassung des römischen Exkommunikationsschreibens befaßt waren. Es besteht also keinerlei Grund, in diesen beiden Schritten den Beginn eines Schismas zwischen West- und Ostkirche sehen zu wollen. Noch Papst Viktor II. (1055–1057) wußte nichts von einer Spaltung der Kirche. Für Gregor VII. hingegen bestand kein Zweifel, daß die Kircheneinheit zerbrochen war. Durch diesen Papst erhielt die Idee von der Primatsposition Roms eine entscheidende Ausprägung und eine folgenschwere Ausdehnung auf das Leben der abendländischen Kirche. Trotzdem suchte er die frühere *concordia* zwischen der römischen Kirche und ihrer Tochterkirche zu Konstantinopel mit Gottes Hilfe wiederherzustellen. Indes, die Beziehungen verschlimmerten sich in der folgenden Zeit, insbesondere durch die Kreuzzüge seit Ende des 11. Jahrhunderts.

Papst Gregors VII. theologische Vorstellungen verschafften der Kirche ein völlig neues Gesicht, das sich von dem der Ostkirchen so sehr unterschied, daß die universale Kirche jetzt mit einem Doppelgesicht erscheinen mußte. Der Papst sah in der Kirche den fortlebenden Leib Christi, dessen Glieder nach hierarchischer Ordnung verschiedene Stellungen und Aufgaben besäßen, die durch das kirchliche Recht, über das allein der Papst souverän verfügen könne, festgelegt würden. Von den Christen erwartete der Papst in erster Linie Gehorsam, weil sich auf diese Weise die Gerechtigkeit am besten verwirklichen lasse. Wie eng Gott, Kirche und Papst für Gregor VII. zusammengehörten, beweist sein Ausspruch: „Gott gehorchen heißt der Kirche gehorchen, und das wiederum heißt dem Papst gehorchen, und umgekehrt." Der Papst war für Gregor der alleinige Gesetzgeber und der höchste Richter, der von niemandem gerichtet werden könne. Und die Kirche erschien ihm letztlich als eine einzige große Diözese, an deren Spitze der Papst als oberster Bischof stand, dem die anderen Bischöfe als Mitarbeiter an die Seite gestellt waren. Hier stehen wir am Ursprung des römischen Zentralismus, durch den die Kirche zu einem politisch-juristischen System entartete.

VII. Herrschaft des Papsttums über Kirche und Welt

So ohnmächtig das Papsttum im 10. Jahrhundert auch darniederlag, so machtvoll begann es sich von der Mitte des 11. Jahrhunderts an zu vorher nie gekanntem Ansehen zu erheben. Es gibt zwar keinen Papst, der tatsächlich „Der Herr der Welt" (Benson) gewesen wäre, dennoch fehlt es nicht an Päpsten, die die Herrschaft nicht nur über die gesamte Kirche, sondern auch über alle Länder und Reiche beansprucht haben. Diese Auffassung vom Papsttum läßt sich bereits bei Gelasius I. am Ende des 5. Jahrhunderts erkennen. Wenn er auch in Kirche und Reich noch zwei getrennte Herrschaftsbereiche sah, so wies er doch der kirchlichen Autorität auch für den staatlichen und gesellschaftlichen Bereich, sofern es sich um Fragen des ewigen Seelenheils handelte, umfassende Kompetenz zu.

Jahrhunderte später demonstrierte Papst Gregor VII. (1073–1085), der sich als Herr über die *ecclesia universalis*, für ihn gleichbedeutend mit der *res publica christiana*, gestellt sah, mit Mahnungen und Warnungen, mit Absetzungsurteilen und Bannsentenzen, daß selbst Könige und Kaiser dem Papsttum unterstellt seien. Dazu berief er sich auf die den Aposteln von Jesus Christus verliehene Vollmacht des Bindens und Lösens, d.h. Sünden zu belassen oder von Sünden loszusprechen.

Ein Hauptziel der Reformer im 11. Jahrhundert lautete *libertas ecclesiae*, d.h. Herausnahme der rein kirchlichen Angelegenheiten aus dem Verfügungsbereich weltlicher Autoritäten, was eine strenge Scheidung der geistlichen Dinge *(spiritualia)* von den weltlichen Dingen *(temporalia)* zur Voraussetzung hatte. Diese neue Sicht bedeutete im Grunde das Ende der frühmittelalterlichen Welt, in der beide Bereiche noch eine Einheit bildeten. Trotz der bis dahin ungewohnten Unterscheidung waren aber Konflikte unvermeidlich, weil der Vorrang des Geistlichen vor dem Weltlichen wesentlich zum Herrschaftsprogramm der Kirche gehören sollte.

Schlagwortartig finden wir dieses neue ekklesiologische Modell im *Dictatus papae* ausgesprochen. Es handelt sich dabei um eine Zusammenstellung von 27 Leitsätzen, die unerklärlicherweise inmitten Gregors VII. Briefregister stehen. Der Papst allein, so lautet eine These, besitze als Nachfolger des Petrus das Recht, die kirchliche Tradition authentisch zu interpretieren und neue Rechtsbestimmungen zu erlassen. Eine andere These: Dem Papst stehe in allen wichtigen Streitfragen die letzte Entscheidungsvollmacht zu. Und wie er über die Bischöfe verfügen könne, so liege es auch in seiner Macht, Könige und Kaiser abzusetzen und deren Untertanen vom Treueid zu entbinden. Schließlich dürfe der Papst, wie es schon in der *Donatio Constantini* angeklungen war, kaiserliche Abzeichen tragen, und die Fürsten müßten ihm, entsprechend dem kaiserlichem Zeremoniell in altrömischer Zeit, die Füße küssen. Über allen Rechten und Vollmachten stand als eherner Grundsatz: „Die römische Kirche hat niemals geirrt und wird nach dem Zeugnis der Schrift in Ewigkeit nicht irren." Die Garantie für diese maßlose Behauptung sollte Jesus Christus selbst sein. In einem Brief an Bischof Hermann von Metz vom 15. März 1081 begründete und verteidigte Papst Gregor VII. seine neue ekklesiologische Sicht mit den im Matthäusevangelium überlieferten Worten Jesu an den Apostel Petrus: „Du bist Petrus, und auf diesen Felsen will ich meine Kirche bauen, und die Pforten der Hölle werden nicht stärker sein als sie." Außerdem führte er Beispiele von Päpsten und Kaisern an, die genau in diesem Sinn gedacht und gehandelt hätten.

Die Zuständigkeit des Papstes reichte nach Gregors Ansicht sogar über die Grenzen des Römischen Reiches hinaus. Den iberischen Fürsten schrieb er am 28. Juni 1077, „daß die Königsherrschaft über Hispanien aufgrund alter Satzungen dem heiligen Petrus und der heiligen römischen Kirche zu Recht und Eigentum übertragen worden ist." Das Aktionsfeld des Papstes sollte letztlich die ganze Erde sein.

Zu einem schweren Zusammenstoß zwischen Papst Gregor VII. und dem deutschen König Heinrich IV. kam es wegen der von weltlichen Herrschern vorgenommenen Amtseinführung (Investitur) kirchlicher Prälaten. Der Papst nahm für sich allein das Recht in Anspruch, Bischöfe und Äbte in ihr kirchliches Amt einzusetzen. Zur Begründung verwies er auf seine von Petrus ererbte Gewalt, den Zugang zum Himmel zu eröffnen oder zu verschließen. Diese Schlüsselgewalt sollte fortan eine so entscheidende Rolle spielen, daß Päpste wie Innozenz III. und Innozenz IV. in der „Verachtung der Schlüssel" (contemptus clavium) das Merkmal eines Ketzers erblickten. Damit war die Institution des Papsttums zu einem neuen Glaubensartikel geworden, obwohl doch der Papst im altkirchlichen Credo keinerlei Erwähnung findet.

Zwei verhängnisvolle Fälschungen, die Konstantinische Schenkung und die Pseudoisidorischen Dekretalen, trugen zur Ausbildung der neuen Kirchenverfassung wesentlich bei. Neuere Forschungen machen deutlich, daß mit der sogenannten Gregorianischen Kirchenreform ungeachtet mancher Verbesserungen im kirchlichen und religiösen Leben des Klerus und der Laien eine Fehlentwicklung an der Spitze der Kirche eingesetzt habe, die erst im 19. Jahrhundert mit den beiden Dogmen über das Papsttum in eine Sackgasse führen sollte, aus der es ohne Rückkehr zum apostolischen Ursprung keinen Ausweg gebe. Die Hauptverantwortung dafür trifft den Mönchspapst Gregor VII., über den der Kirchenhistoriker Karl August Fink folgendes Urteil gefällt hat: „Mehr ein Revolutionär als ein Reformer, hat er in seiner religiösen Gewalttätigkeit die Struktur der Kirche und die Lebensform des Klerus für Jahrhunderte bestimmt und trägt die Verantwortung für den römischen Mythos."

Eine zwiespältige Auffassung von der Stellung des Papstes vertrat der Zisterziensermönch Bernhard von Clairvaux († 1153). Mystiker und Kirchenpolitiker in einer Person, war er der Überzeugung, daß der Papst die Fülle der Gewalt (plenitudo potestatis) besitze, so daß auch die kaiserliche Macht ihm nicht zu gebieten habe. In dem für seinen Ordensbruder Papst Eugen III. (1145–1153) verfaßten Traktat De consideratione, den man einen „Papstspiegel" nennen kann, zeichnete Bernhard ein Idealbild des Papsttums. Zuerst rühmt er die päpstliche Würde: „Der Hohepriester, der Oberste der Priester. Der Angesehenste der Bischöfe, der Erbe der Apostel, ein Anheber wie Abel, ein Lenker wie Noah, ein Patriarch wie Abraham, hast Du die Ordnung des Melchisedek inne, die Würde Aarons, die Autorität des Moses, die Rechtsprechung Samuels, die Vollmacht von Petrus her, die Salbung durch Christus. Dir sind die Schlüssel übergeben, Dir die Lämmer anvertraut. Freilich gibt es andere Türhüter des Himmels und Hirten der Herde, aber die beiden Titel sind bei Dir um so ehrenvoller und eigentümlicher, als Du sie mit mehr Nachdruck erhalten hast. Jene haben eine ihnen zugeteilte Herde, jeder die seine, Dir sind alle anvertraut, die eine dem Einen. Und nicht nur der Schafe, auch den Hirten bist Du der eine Hirte [...]. So sind denn, Deiner Bestimmung gemäß, die übrigen mit einem Teil der Hirtensorge begabt, während Du zur Fülle der Vollmacht berufen bist. Der Befugnis der andern sind Grenzen gesetzt, die Deine erstreckt sich auch auf sie, die ihrerseits Vollmacht über andere erhielten. Du kannst ja, wenn die Not es erheischt, einem Bischof den Himmel verschließen, ihn vom Bischofsamt absetzen, ja ihn ‚dem Satan übergeben'." Gleichzeitig erinnert Bernhard den Papst an seine hohe Verantwortung für die ganze Christenheit, wobei er sich allerdings bewußt bleiben müsse, daß er keinesfalls mit Herrschermacht ausgestattet sei: „Laßt uns nie vergessen, daß uns die Pflicht zu dienen auferlegt, aber nicht eine Herrschaft übertragen worden ist." Bernhard hält es für überaus schädlich, wenn ein Papst sich zu sehr um weltliche Angelegenheiten kümmere und darüber seine eigentliche religiöse Aufgabe vernachlässige. Auch solle der Papst sich hüten, die Rechte der anderen Bischöfe zu beeinträchtigen: „Erinnere dich vor allem, daß die heilige römische Kirche die Mutter, nicht die Herrin der anderen Kirchen ist, und daß du nicht der Herr und Meister der anderen Bischöfe bist, sondern einer aus ihrer Reihe."

Die Päpste fragten sich freilich angesichts solcher Appelle zu Demut und Dienst, wie sie bei schweren Konflikten mit

Bischöfen und weltlichen Regenten ihrer besonderen Stellung gerecht werden könnten. Antworten gaben die Kanonisten, indem sie ein Konzept des Papsttums erdachten, das die Päpste mehr nach juristischen als nach theologisch-spirituellen Begriffen handeln hieß. Von da war der Schritt nicht mehr weit zu einem hierokratischen Kirchenverständnis, nach dem vor allem Alexander III. (1159–1181), ein hervorragender Kanonist, und Papst Innozenz III. (1198–1216), als Theologe und Kirchenrechtler gleichermaßen angesehen, die Kirche regierten. Obwohl diese beiden mächtigen Herrscher auf dem Stuhl des hl. Petrus Kirche und Staat als zwei autonome Bereiche betrachteten, stand für sie außer Zweifel, daß im Ernstfall das Geistliche über dem Weltlichen stehen müsse.

Die Rivalitäten zwischen Papsttum und Kaisertum erreichten unter Friedrich I. Barbarossa (1152–1190), dem ersten Kaiser aus dem Geschlecht der Staufer, einen weiteren Höhepunkt. Mit tatkräftiger Unterstützung durch seinen Kanzler Rainald, Erzbischof von Köln, wies Kaiser Barbarossa alle Ansichten und Ansprüche, die das Kaisertum als päpstliches Lehen ausgeben wollten, als Lüge zurück. Die weltlichen Machthaber erkannten jetzt immer deutlicher ihre göttliche Legitimation zur Herrschaft über einen eigenständigen Rechts- und Handlungsbereich, was am Ende eine strenge Unterscheidung zwischen Kirche und Staat zur Folge haben mußte.

Das 3. Laterankonzil (1179) wollte mit der Vorschrift einer Zweidrittelmehrheit aller Stimmen bei der Papstwahl jeden Streit über die Gültigkeit der Wahl ausschließen. Eine Mitwirkung des Kaisers kam fortan nicht mehr in Betracht. Andererseits suchte sich die staatliche Autorität jeder geistlichen Bevormundung zu entziehen, indem sie ihre Gewalt als unmittelbar von Gott gegeben behauptete. Es war darum nur konsequent, wenn Rechtsgelehrte in Bologna zur Zeit von Barbarossas Sohn Heinrich VI. (1190–1197) den Kaiser als *dominus mundi* bezeichneten. Trotzdem sollten im *Sacrum Imperium* weltliche und kirchliche Gewalt gleichgestellt sein.

Nach dem plötzlichen Tod Heinrichs VI. kam es 1198 wegen einer Doppelwahl – auf der einen Seite der Staufer Philipp von Schwaben und auf der anderen der Welfe Otto IV. von Braunschweig – zu einem Thronstreit, den Innozenz III. (1198-1216) als willkommene Gelegenheit zum Erweis seiner höchsten Autorität nutzte. Als *vicarius Christi*, als Vertreter des Priester-Königs Christus, wußte er sich für die gesamte christliche Welt zuständig und verantwortlich. Dabei bediente er sich manchmal einer kuriosen Bibelinterpretation. Die Szene vom Wandeln Jesu auf dem See Genezareth genügte ihm, um zu behaupten, daß „Petrus, als er auf dem Meer Jesus entgegenging, mit diesem Tun das Vorrecht des Papstes ausdrücken wollte, über die ganze Welt und alle Nationen, auch über Heiden und Juden zu herrschen". Und er fügte hinzu, was Kanonisten bestätigt hätten, „daß die Päpste das Recht haben, Dritte mit der Aufgabe zu betrauen, neu entdeckte Länder zu besetzen." Der Papst sah sich also nicht nur über alle anderen Bischöfe, sondern auch über alle weltlichen Herrscher gestellt. Damit führte Innozenz die schon von Papst Gregor VII. im 11. Jahrhundert gezogene Linie weiter. Die Gleichstellung des Papstes als des Oberhauptes der Kirche mit Christus, dem eigentlichen Haupt der Kirche, ging bei Innozenz III. schließlich so weit, daß er im Papst die Quelle aller kirchlichen Vollmacht erblickte. Da war es nur folgerichtig, wenn er dem Papst allein die Kompetenz zuschrieb, die Bischöfe der zu römischen Filialkirchen degradierten Teilkirchen (Bistümer) zu ernennen und notfalls auch abzusetzen. Viel später reservierte Urban V. dem Papst bzw. der Römischen Kurie die Besetzung sämtlicher Erzbistümer, Bistümer und Abteien von einer bestimmten Einkommenshöhe an. Hier werden gleichzeitig fiskalische Interessen sichtbar. Als der englische König Johann Ohneland (1199-1216) die Ernennung Stephan Langtons zum Erzbischof von Canterbury durch den Papst nicht akzeptierte, belegte Papst Innozenz III. den König mit dem Kirchenbann – drei Jahre später folgte sogar das Absetzungsurteil – und ganz England mit dem Interdikt (1209), so daß jede Gottesdienstfeier und jede Sakramentenspendung verboten war. König Johann blieb nichts anderes übrig, als sich persönlich zu unterwerfen und sein Land der päpstlichen Protektion anheimzugeben. Erst jetzt erhielt der König England und Irland als päpstliches Lehen zurück.

Konstanze, die Witwe Kaiser Heinrichs VI., hatte kurz vor ihrem Tod (1198) den eben erst gewählten Papst Innozenz zum Verweser des Reiches Sizilien-Unteritalien und zum Vormund ihres Enkels Friedrich (II.) bestimmt. Die deutschen Fürsten billigten dem Papst sogar die Lehensoberhoheit über Sizilien zu. So zögerte Innozenz III. auch nicht lange mit dem Bann, als König Otto IV. Sizilien erobern wollte. In der Goldenen Bulle von Eger (1213) anerkannte der junge König Friedrich II. die territorialen Ansprüche des Papstes in Mittelitalien und verzichtete auf jegliche Mitwirkung bei der Wahl eines Bischofs oder Abtes. Am meisten muß überraschen, daß er, der Freigeist, mit dem Papst auch bei der Bekämpfung von Ketzern zusammenarbeiten wollte.

Der französische König Philipp II. August sah sich infolge des von Innozenz III. über ganz Frankreich verhängten Interdikts gezwungen, seine zweite Frau Agnes von Andechs-Meranien zu entlassen und die rechtmäßige Ehe mit Ingeborg von Dänemark wiederaufzunehmen.

Der Einfluß von Innozenz III. reichte weit in den staatlichen Bereich hinein, wenn er in der Dekretale *Venerabilem* (1202) das Recht in Anspruch nahm, jeden erwählten Kaiser vor der Krönung und Salbung auf seine Würdigkeit hin zu überprüfen und gegebenenfalls für unwürdig zu erklären. Bei Konflikten in weltlichen Angelegenheiten beanspruchte er richterliche Kompetenz immer dann, wenn „ein sündhaftes Vergehen" vorliege: „Da wir uns nicht auf menschliche Anordnung, vielmehr auf göttliches Gesetz stützen, weil unsere Gewalt nicht von einem Menschen, sondern von Gott ist, leugnet niemand, der bei gesundem Verstand ist, daß es unserem Amt zusteht, jedweden Christen für jede beliebige Todsünde zur Rechenschaft zu ziehen und, sofern er Besserung verweigert, ihn mit Kirchenstrafe zu zwingen." Innozenz III., eine ausgesprochene Herrschernatur, hatte von seiner Position als „Stellvertreter Christi" eine so hohe Auffassung, daß er „sich in die Mitte gestellt sah zwischen Gott und die Menschen, geringer zwar als Gott, doch größer als der Mensch." Er veranschaulichte die herausragende Stellung des Papstes in einem großartigen Bild: „So wie Gott, der Schöpfer des Alls, zwei große Lichter am Firmament des Himmels befestigte, das größere Licht, damit es dem Tage vorstehe, und das kleinere Licht, damit es der Nacht vorstehe, so hat er an das Firmament der allgemeinen Kirche, die mit dem Namen „Himmel" benannt wird, zwei große Ehrenstellen gesetzt; die größere, die – gleichsam als den Tagen – den Seelen vorstehen sollte, und die kleinere, die – gleichsam als den Nächten – den Leibern vorstehen sollte, welche sind die bischöfliche *auctoritas* und die königliche *potestas*." Daraus zog er dann folgende Konsequenz: „So wie der Mond sein Licht von der Sonne erhält [. . .], so erhält die königliche Gewalt von der päpstlichen Autorität den Glanz ihrer Würde; je mehr sie ihrem Anblick anhängt, von desto größerem Lichte wird sie geziert, und je mehr sie sich von ihrem Anblick entfernt, desto mehr verliert sie an Glanz." Er betrachtete nicht nur die universale Kirche, sondern den ganzen Erdkreis als päpstliches Herrschaftsgebiet. So wandelte sich die Kirche von der brüderlichen Gemeinschaft zur Hierokratie und die Welt zum Herrschaftsbereich des Papstes als eines Monarchen. Indem dieser Papst aber den Primat der geistlichen Gewalt vor der weltlichen behauptete, bahnte er entgegen seiner Absicht den Weg zur spätmittelalterlichen Säkularisierung der geistlichen Gewalt in der Theorie wie in der Praxis. Die weltlichen Herrscher konnten ihre Eigenständigkeit auch gar nicht mehr anders retten, als daß sie ihre Macht als unmittelbar von Gott gegeben und nicht durch den Papst vermittelt ausgaben.

So unterschiedlich Papst Innozenz III. und Kaiser Friedrich II., zwei energische Herrschergestalten, in kirchlichen und religiösen Angelegenheiten auch dachten, der eigenwillige Staufer versagte dem Papst seine Hilfe doch nicht, wenn wichtige Interessen der Kirche zu verteidigen waren. Die Zusammenarbeit sollte sich vor allem gegen Aufruhr und Unordnung richten, wozu auch Glaubensstreitigkeiten zählten. Schon zu

Beginn seines Pontifikats verurteilte Innozenz in der Dekretale *Vergentis in senium* (1199) Häresie nicht bloß als Verstoß gegen den wahren Glauben, sondern auch als „Majestätsverbrechen". Gegen die in Südfrankreich weit verbreiteten Katharer, wegen ihres Zentrums in Albi auch Albigenser genannt, rief der Papst 1209 einen Kreuzzug aus, der allerdings wegen des unwürdigen Treibens des fanatischen Legaten Amalrici und einiger rücksichtsloser Heerführer seinen eigentlichen Zweck verfehlte und zu einem regelrechten Kriegszug entartete.

Mit Blick auf „falsche Brüder" – gemeint sind Häretiker jeder Art – erklärte Kaiser Friedrich II. in einem Schreiben an Papst Gregor IX. vom 3. Dezember 1232: „Für beide Bereiche hält die himmlische Vorsicht nicht zwei, sondern eine doppelte Medizin bereit: das Salböl des Priesteramtes, mit dem die inneren Geschwüre der falschen Brüder, da sie die edle Seele vergiften, im geistlichen Sinne behandelt werden sollen, und die Macht des kaiserlichen Schwertes, das die nässenden Wunden mit der Spitze reinigt und, wenn die Feinde des Reiches niedergeworfen sind, mit der scharfen Schneide irdischer Macht abschneidet, was infiziert oder abgestorben ist." Friedrich gestand sogar zu, daß „das Schwert der kaiserlichen Macht [. . .] durch die gehorsame Hand des Stellvertreters Petri vom Himmel übertragen ist". Folglich mußte er sich wenige Jahre später die zweimalige Exkommunikation durch Papst Gregor IX. gefallen lassen. Und Papst Innozenz IV., von „der göttlichen Majestät zum Gipfel der apostolischen Würde erhoben", erklärte Friedrich II. auf dem Ersten Konzil von Lyon (1245) wegen Meineids, Beleidigung der Kirche und Häresie sogar für abgesetzt, entband die Untertanen des Kaisers vom Treueid und forderte das Fürstenkollegium auf, einen neuen König zu wählen. Doch Friedrich ließ sich jetzt nicht mehr in die Knie zwingen. Er ignorierte die Absetzung, weil der Papst nicht berechtigt sei, ein solches Urteil zu fällen. Im übrigen wies er die Beschuldigung der Häresie als falsch zurück und betonte, daß er am katholischen Glauben ohne jede Einschränkung festhalte.

Den Beziehungen des Papsttums zur byzantinischen Kirche schadete Innozenz III. sehr, als er 1204, im Anschluß an die Eroberungen des Vierten Kreuzzugs, in Konstantinopel ein lateinisches Patriarchat errichtete, dem bald mehrere lateinische Bistümer folgten. Bei den Unionsverhandlungen in Konstantinopel (1206) stießen die Meinungen der Lateiner und Griechen hart aufeinander. Die Griechen leugneten nicht nur, daß Petrus jemals Bischof von Rom gewesen sei, sie weigerten sich auch, den lateinischen Patriarchen von Konstantinopel anzuerkennen, da er nicht legitim gewählt sei. Innozenz III. ging jedes historische Denken ab. So wußte er auch nicht, welche Zumutung es für die Griechen bedeuten mußte, wenn er ihre Unterwerfung unter einen zentralistisch aufgefaßten Primat forderte.

Geniale Theologen wie Albertus Magnus und sein Schüler Thomas von Aquin (1245–1274), dessen Werk die kirchliche Theologie bis in unser Jahrhundert hinein maßgeblich bestimmte, wirkten mit ihren Theorien auch auf das Verhältnis von Kirche und Staat ein. Thomas hielt die monarchische Staatsform für weitaus besser als die republikanische. Staat und Kirche besaßen nach seiner Überzeugung eine jeweils eigene, direkt von Gott gegebene Gewalt. Beide Bereiche seien selbständig. Nur wenn es sich um das Seelenheil handele, seien auch weltliche Regenten der priesterlichen Autorität, mit dem Papst an der Spitze, unterworfen. Damit gestand Thomas der Kirche nur eine indirekte Gewalt in zeitlichen Belangen *(potestas indirecta in temporalibus)* zu – ein Gedanke, der erst in neuester Zeit Allgemeingut werden sollte.

Im Gegensatz zu diesem dualistischen Konzept erhob Papst Bonifaz VIII. (1294–1303) im Bewußtsein seiner universalen Sendung Anspruch auf die oberste Gewalt über Kirche und Staat, ja über die gesamte Menschheit. Sein Konflikt mit König Philipp IV. von Frankreich veranlaßte ihn zu der bis heute berühmt gebliebenen Bulle *Unam sanctam* (1302), worin er die Zwei-Schwerter-Theorie im Sinn einer umfassenden Zwei-Gewalten-Lehre interpretierte. Demnach besitze der Papst uneingeschränkte und direkte Vollmacht gegenüber

Königen, auch wenn es sich um zeitliche Dinge handele. Zum Auftakt erklärte er, daß es außerhalb der Kirche kein Heil und keine Vergebung der Sünden gebe. In Händen des Papstes, der Nachfolger des Petrus, des „Stellvertreters Christi", sei, lägen „zwei Schwerter, nämlich das geistliche und das zeitliche, [...] beide in der Gewalt der Kirche"; das materielle Schwert sei „für die Kirche" und das geistliche „von der Kirche zu handhaben." Was die Rangordnung betrifft, konstatierte der Papst unmißverständlich: „Es gehört sich aber, daß ein Schwert unter dem anderen ist und die zeitliche Autorität sich der geistlichen Gewalt unterwirft [...]. Daß die geistliche Gewalt jedwede irdische sowohl an Würde als auch an Adel überragt, müssen wir um so deutlicher bekennen, je mehr das Geistliche das Zeitliche überragt [...]. Denn wie die Wahrheit bezeugt, muß die geistliche Gewalt die irdische Gewalt einsetzen und richten, falls sie nicht gut sein sollte." Die geistliche Gewalt sei die richtende, stellte Bonifaz klar, und könne von keiner anderen gerichtet werden. Der Papst stützte sich dabei auf das Pauluswort: „Der geistliche Mensch richtet alles, selbst aber wird er von niemandem gerichtet" (1 Kor 2,15). Daß diese Aussage nicht auf unsere Thematik zu beziehen ist, wird schon aus dem Wortlaut der heutigen Übersetzung ersichtlich: „Der geistbegabte Mensch aber urteilt über alles, er selbst jedoch wird von niemand beurteilt." Paulus dachte hier nämlich an den Unterschied zwischen dem „psychischen" und dem pneumatischen Menschen. Im Schlußsatz nahm Bonifaz den Anfangsgedanken wieder auf und kam zu dieser Konsequenz: „Wir erklären, sagen und definieren, daß es für jedes menschliche Geschöpf unbedingt notwendig zum Heil ist, dem römischen Bischof unterworfen zu sein." Albrecht I. war der letzte deutsche König, der die von Bonifaz VIII. vertretene Superiorität des Papsttums über das Kaisertum in einem Dankschreiben vom 17. Juli 1303 akzeptierte.

VIII. Das Papsttum im Exil

Papst Bonifaz VIII. sollte noch nach seinem Tod (1303) von einem allgemeinen Konzil als Ketzer verurteilt werden. Dies wollten vor allen anderen der französische König Philipp IV. und mit ihm sein Kanzler Nogaret sowie die Colonna-Kardinäle, die mit den Kardinälen aus dem Hause Caetani, dem auch Bonifaz VIII. angehört hatte, rivalisierten. Von einem Ketzer im engeren Sinn konnte freilich keine Rede sein.

Der Dominikanertheologe Johannes von Paris, auch Quidort genannt, beantwortete in seinem kirchenpolitischen Traktat *Über königliche und päpstliche Gewalt* (um 1302) auch die grundsätzliche Frage, ob ein Papst abgesetzt werden könne. Der Papst sei zwar prinzipiell nicht absetzbar, meinte Johannes, er könne aber von seinem Amt freiwillig zurücktreten und im Fall von Geisteskrankheit oder Häresie auch abgesetzt werden. Ein *papa haereticus* schließe sich automatisch von der Kirche aus. Die offizielle Absetzung auszusprechen sei Sache eines allgemeinen Konzils. Falls ein Papst diesem Spruch nicht folge, müsse er, „wenn er sich als halsstarrig erweist, mit Gewalt, auch mit Hilfe des weltlichen Armes, vom Throne entfernt werden, damit die Sakramente der Kirche keine Entweihung erfahren".

Auf Benedikt XI. (1303–1304), der Nogaret und Sciarra Colonna mit dem Kirchenbann bestrafte und beide obendrein mit einem kanonischen Prozeß überzog, folgte nach elfmonatigem Konklave Erzbischof Bertrand de Got von Bordeaux als Clemens V. (1305–1314). Doch statt nach Rom überzusiedeln, ließ sich der neugewählte Franzose in Lyon krönen und residierte abwechselnd an verschiedenen Orten in Mittel- und Südfrankreich. König Philipp IV., genannt der Schöne (le Bel), beherrschte Papst Clemens V. völlig. Die Abhängigkeit ging so weit, daß der schwache Papst ein so wichtiges Dokument wie die Bulle *Clericis laicos* aus dem päpstlichen Register tilgen ließ. Des Königs Vernichtungswille richtete sich gegen den Ritterorden der Templer, bei dem er hohe Schulden hatte. Um die gewünschten Geständnisse zu erlangen, ließ Philipp die französischen Tempelherren 1307 verhaften, verhören und foltern. Den kirchlichen Schlußstrich sollte ein Konzil ziehen. Der König erreichte tatsächlich, daß Clemens V. ein allgemeines Konzil in Vienne (1311) abhielt. Weil aber die Bischöfe nicht bereit waren, den Templerorden aufzulösen, nahm der schwache Papst es auf sich, die Aufhebung des Ordens auf dem Verwaltungsweg zu verfügen. Zum Dank verzichtete König Philipp jetzt auf den Prozeß gegen den toten Papst Bonifaz VIII. Einen letzten Gefallen erwies Clemens V. dem König mit der Heiligspechung Coelestins V. – ein Akt, der eine indirekte Verurteilung Bonifaz' VIII. bedeutete.

Nach Clemens' V. Tod vergingen zwei Jahre, bis die untereinander zerstrittenen Kardinäle sich mehrheitlich auf einen Kandidaten einigen konnten. Es war dies der 72jährige Jacques Duèse aus Cahors, seit 1310 Bischof von Avignon, der sich als Papst den Namen Johannes XXII. (1316–1334) zulegte. Mit ihm kam eine der unwürdigsten Persönlichkeiten auf den päpstlichen Thron. Nach der Krönung in Lyon nahm Johannes im Dominikanerkloster zu Avignon Wohnung und siedelte schon nach kurzer Zeit in den Bischofspalast in Avignon über, der damit auf Jahrzehnte zur Papstresidenz wurde. Dies ist der Beginn der schon von Francesco Petrarca so genannten „Babylonischen Gefangenschaft" des Papsttums in Avignon. Die Stadt gehörte zu dieser Zeit noch zum Heiligen Römischen Reich, doch schon Papst Clemens VI. (1342–1352) erwarb sie 1348 von der Königin Johanna von Anjou, der faktischen Besitzerin. Die Avignon umgebende Grafschaft Venaissin dagegen war bereits seit über hundert Jahren Eigentum der Päpste.

Thronstreit in Deutschland

Bei den Auseinandersetzungen zwischen dem Habsburger Friedrich dem Schönen und dem Wittelsbacher Ludwig dem Bayern um den deutschen Königstitel beanspruchte Papst

Johannes XXII., solange der schwere Konflikt andauerte, die höchste Gewalt über das Imperium. Im Geist von Bonifaz VIII. dekretierte er: „Die Regierung, Verwaltung und oberste Rechtssprechung stehen dem souveränen Papst zu, dem Gott in der Person des hl. Petrus die Befehlsmacht über Himmel und Erde gegeben hat." Ludwig der Bayer dagegen lehnte diese theokratische Doktrin ganz entschieden ab und erließ das Gesetz *Licet iuris*, demzufolge der Kaiser in weltlichen Dingen nur Gott über sich habe, da seine Gewalt aus der Wahl erwachse und nicht vom Papst übertragen werde. Wer diese Anschauung nicht akzeptiere, mache sich des Verbrechens der Majestätsbeleidigung schuldig. Der eigenmächtige Kaiser konnte sich dabei auf Marsilius von Padua († 1343) stützen, der einige Jahre an der Pariser Universität gelehrt hatte und kurze Zeit als deren Rektor fungierte. In seiner gegen das mittelalterliche Papsttum gerichteten revolutionären Kampfschrift *Defensor pacis* widerlegte Marsilius alle Argumente, die dem Papst besondere Rechte im staatlichen Bereich zubilligen wollten. Außerdem sprach er dem Papst den Iurisdiktionsprimat über die ganze Kirche ab und betonte statt dessen, daß der Heilige Geist die Kirche mittels allgemeiner Bischofsversammlungen regiere.

So kam es unter Ludwig dem Bayern zum letzten schweren Zusammenstoß zwischen Papsttum und Kaisertum. Der Bayer zog Anfang des Jahres 1328, von Marsilius begleitet, in Rom ein, ließ sich von dem Laien Sciarra Colonna „im Namen des Volkes" zum Kaiser krönen, erklärte Jacques von Cahors – damit meinte er Papst Johannes XXII. – für abgesetzt und befahl dem römischen Klerus, Pietro Rainalducci zum Oberhaupt der Kirche zu wählen. Dieser war nach fünfjähriger Ehe in den Orden der Franziskaner eingetreten. Ludwig ließ es sich nicht nehmen, den Gegenpapst mit Namen Nikolaus V. selbst in das hohe Amt einzusetzen. Beider Kampfgemeinschaft währte jedoch nur zwei Jahre. Von Ludwig fallengelassen, resignierte Nikolaus V., fand aber bald freundliche Aufnahme am päpstlichen Hof in Avignon. Der dortige Papst Johannes XXII. gewährte ihm Verzeihung; den eigenmächtig waltenden Bayern Ludwig hingegen hatte er schon 1324 hauptsächlich wegen der von diesem erhobenen Ansprüche auf das Königtum exkommuniziert und aller mit der Wahl verbundener Herrschaftsrechte für verlustig erklärt. Hartnäckig verharrte Ludwig der Bayer bis zu seinem Tod (1347) im Kirchenbann.

Armutsstreit in Italien

Über Franciscus von Assisi und seine Gefolgschaft gingen noch zu seinen Lebzeiten innerhalb wie außerhalb des Ordens die Meinungen weit auseinander. Widersprüchliche Ansichten einzelner Päpste über den sogenannten „Theoretischen Armutsstreit" blieben nicht ohne böse Folgen. Die Grundfrage lautete, ob Jesus und die Apostel wirklich arm gewesen seien. Das 1322 in Perugia abgehaltene Generalkapitel der Franziskaner unter dem Vorsitz des Michael von Cesena, des ersten Franciscus-Biographen, gab eine positive Antwort. Demnach wäre auch der Papst zu radikaler Armut verpflichtet. Doch Johannes XXII. verwarf die Entscheidung des Generalkapitels als irrgläubig. Er berief sich für sein Urteil auf seine Primatsstellung in der Kirche. Wer ihm zu widersprechen wagte, geriet schnell in den Verdacht, ein Häretiker zu sein. Daraufhin bezichtigten die empörten Minoriten den Papst wegen seines Anspruchs auf irdischen Reichtum und weltliche Macht der Häresie. Weil aber Widerstand keinen Erfolg versprach, nahmen der Generalminister Michael von Cesena, den der Papst in Avignon hatte verhaften lassen, sowie die Fratres Bonagratia von Bergamo und Wilhelm von Ockham ihre Zuflucht zu Kaiser Ludwig in München, der in der Sachsenhauser Appellation gegen den Papst und für die Franziskaner Partei ergriffen hatte. Johannes XXII. schickte den Flüchtigen die Exkommunikation hinterher und verkündete in einer Bulle, das Recht auf Eigentum habe vor dem Sündenfall bestanden und die Apostel selbst hätten gemäß der Bibel persönliches Eigentum besessen. Der Konflikt erledigte sich erst mit Ludwigs Tod.

Das große Papstschisma

Gregor XI. (1370–1378) dachte erstmals an eine dauerhafte Rückkehr von Avignon nach Rom. Tatsächlich verließ er im Jahre 1376 Avignon für immer. Er starb am 7. März 1378 in Rom.

Vor der Papstwahl des Jahres 1378, aus der Erzbischof Bartolomeo Prignano von Bari als Urban VI. hervorging, war das Verlangen der Römer nach einem italienischen Kandidaten laut geworden. Doch als sich Papst Urban VI. immer unbeliebter machte, erklärten die französischen Kardinäle die Wahl für ungültig und wählten in Fondi Kardinal Robert von Genf zum neuen Papst, der sich Clemens VII. nannte und 1379 in Avignon niederließ. Jeder der beiden Rivalen erhob nun den Anspruch, der rechtmäßige Papst zu sein.

Die Repräsentation des Papsttums durch zwei miteinander konkurrierende Amtsträger wirkte sich nun in der abendländischen Christenheit als Spaltung aus, da die Katholiken je nach Land, Territorium oder Diözese jeweils einem anderen Papst „gehorchten". Dem „römischen" Papst Bonifaz IX. (1389–1404) standen der genannte Clemens VII. (1378–1394) und danach der Spanier Pedro de Luna als Papst Benedikt XIII. (1394–1423) gegenüber. Dieser residierte mehrere Jahre in Avignon, bis er in dem einst arabischen Kastell La Zuda hoch über Tortosa an der levantinischen Küste Spaniens seinen festen Wohnsitz nahm. Die letzten elf Jahre seines 95 Jahre währenden Lebens verbrachte der Gegenpapst in der Bergfestung Peñíscola an der Costa del Azahar. Die Absetzung durch zwei Konzilien hatte ihn nicht zum Rücktritt bewegen können. Unter seinem Regiment fand 1413/14 in Tortosa ein als Religionsgespräch getarntes Tribunal statt, das 14 Rabbiner verurteilte. In fast fünfzig Sitzungen diskutierte man über die Ankunft des Messias. Die gegen die spanischen Juden gerichtete Veranstaltung endete mit einer Massentaufe. Kurze Zeit später erließ derselbe Benedikt XIII. eine Bulle, worin den Juden befohlen wurde, in Ghettos zu wohnen, ein spezielles Erkennungszeichen zu tragen und engere Kontakte mit Nichtjuden zu meiden. Außerdem verbot er die Ausübung bestimmter Berufe (Juristen, Ärzte) und die Befolgung des Talmuds.

Das Konzil von Pisa (1409) sollte die Einheit an der Spitze der Kirche wiederherstellen. Zu diesem Zweck gaben sich die Teilnehmer folgende Legitimation: „Dieses Konzil ist ein allgemeines Konzil [...], es repräsentiert die gesamte katholische Kirche und hat das Recht, als oberster Richter auf Erden über diese Angelegenheit zu erkennen, zu entscheiden und zu bestimmen." Dann verurteilten sie Clemens' VII. Nachfolger Benedikt XIII. und auch den römischen Papst Gregor XII. (1406–1415) als Schismatiker, Häretiker und Eidbrecher und belegten beide mit dem Kirchenbann. Weil aber nach der Wahl des neuen (Konzils-)Papstes Alexander V. (1409–1410), eines gebürtigen Kreters, der bis dahin Erzbischof von Mailand gewesen war, die beiden anderen Päpste nicht zurücktraten, verschlimmerte sich das Schisma, so daß, wie Ulrich von Richental in seiner Konzilschronik schrieb, „aus der verruchten Zweiheit eine verfluchte Dreiheit von Päpsten" wurde.

Auf den Konzilspapst Alexander V. folgte Johannes XXIII. (1410–1415), den erst in unserer Zeit Papst Johannes XXIII. (1958–63) mit der Annahme desselben Namens stillschweigend zum illegitimen Amtsträger erklärte. Dieser zweite Pisaner Papst ließ sich von König Sigismund überreden, ein allgemeines Konzil nach Konstanz einzuberufen, das sich mit dem Glaubensstreit des Jan Hus, dem Schisma der Päpste und einigen dringenden Reformen der Kirche beschäftigen sollte. Johannes XXIII. eröffnete das Konzil in Konstanz am 5. November 1414 und floh wenige Monate später, als Stallknecht verkleidet, aus der Stadt, um die Versammlung zu sprengen. Doch die Konzilsväter blieben beisammen und verabschiedeten zur Rechtfertigung des Konzils ohne Papst das berühmte Dekret *Haec sancta*, dessen entscheidende Sätze lauten: „Diese im Heiligen Geiste rechtmäßig versammelte, ein allgemeines Konzil darstellende und die streitende katholische Kirche vertretende Synode hat ihre Vollmacht unmittelbar von Christus; jeder beliebige, welchen Standes und welcher Würde auch immer, auch wenn es die päpstliche sein sollte, ist gehalten, ihr in dem zu gehorchen, was den Glauben und die Ausrottung des genannten Schismas betrifft."

In der Causa Hus erfolgte am 6. Juli 1415 die Verurteilung des tschechischen Priesters wegen Häresie, ohne daß eine sachliche Diskussion der vom Konzil als falsch oder häretisch beanstandeten Thesen über das Wesen der Kirche stattgefunden hätte. Es genügte den Prälaten und Theologen zu wissen, daß die meisten der beanstandeten Lehren des Priesters den Schriften des bereits als Häretiker verdammten englischen Theologen John Wyclif († 1384) entnommen waren.

Während das Problem der Kirchenreform im Grunde vertagt wurde, gelang es dem Konstanzer Konzil wenigstens, die Einheit der abendländischen Kirche weitgehend wiederherzustellen. Nach der Absetzung Johannes' XXIII. und des „avignonesischen" Papstes Benedikt XIII. sowie der freiwilligen Abdankung des „römischen Pontifex" Gregor XII. wurde am 11. November 1417 zum erstenmal nach rund 40 Jahren wieder ein Papst gewählt, der fast überall Anerkennung fand. Die Wahl fiel auf den römischen Kardinal Oddo Colonna, der sich nach dem Heiligen des Tages Martin V. nannte. Noch kurz vor seinem Tod (1431) berief er ein Konzil nach Basel ein. Sein Nachfolger Eugen IV. bestätigte zwar diese Einberufung, löste jedoch die Versammlung bald wieder auf. Weil aber die Mehrheit der Kardinäle damit nicht einverstanden war, mußte der Papst die Auflösung rückgängig machen. 1437 verlegte er die Kirchenversammlung von Basel nach Ferrara. Da die Mehrzahl der Konzilsteilnehmer in Basel zurückblieb, tagten jetzt zwei Konzilien zur selben Zeit. Die Basler Synodalen setzten Eugen 1439 ab und wählten den Herzog Amadeus VIII. von Savoyen zum Papst. Dieser regierte als Felix V. (1439–1449), fand jedoch nur wenige Anhänger. Er ist bis heute der letzte Gegenpapst in der langen Geschichte der Päpste geblieben. Eugen IV. verlegte das Konzil ein zweites Mal, und zwar von Ferrara nach Florenz, wo auch die Union der römischen Kirche mit der byzantinischen geschlossen wurde, ohne jedoch lange Bestand zu haben.

IX. Humanismus und Renaissance

Zwischen dem 14. und 16. Jahrhundert vollzog sich in Europa ein tiefgehender Kulturwandel. Das auf das Altertum folgende „Mittelalter" – so genannt seit dem 18. Jahrhundert –, das trotz starker Spannungen und großer Gegensätze prinzipiell noch alle Lebensbereiche in einer gemeinsamen Ordnung umfaßte, ging langsam seiner Auflösung entgegen. Ohne scharfen Bruch entwickelte sich aus dem Spätmittelalter das neuzeitliche Europa mit einem gewandelten Welt-, Wert- und Lebensgefühl. Der Begriff „Renaissance" verweist auf eine Wiedergeburt früherer Zeiten und bedeutet gleichzeitig den Aufbruch in eine neue Zeit, die wir auch „Neuzeit" heißen. Wußte sich der mittelalterliche Mensch noch fest eingebettet in ein wohlgegliedertes Gefüge von Gemeinschaften und objektiv gültigen Normen und ausgerichtet auf Gott und das Jenseits, so wendet sich der neuzeitliche Mensch jetzt bewußt und leidenschaftlich dem Diesseits zu und versteht sich selbst als Mittelpunkt und Maß aller Dinge. Hauptkennzeichen des beginnenden Neuen sind Individualismus und Subjektivismus. Die autonome Persönlichkeit sieht ihr Lebens- und Bildungsideal in schöner und edler Menschlichkeit, deren reinstes Abbild man im wiederentdeckten klassischen Altertum zu finden meint. Als „Humanisten" gelten jene Gelehrten, die durch lateinische und griechische Studien wahre Bildung und echtes „Menschentum" zu erlangen hoffen und zu vermitteln wünschen. Bei dieser Wiedergeburt handelt es sich aber nicht bloß um die Wiederbelebung eines längst vergangenen Zeitalters, sondern mehr um die Befruchtung und Bereicherung einer eigenständigen Entwicklung durch wahlverwandte Ideale. Die Renaissance nahm ihren Anfang in den Stadtstaaten Italiens und griff schnell in vielfältiger Abwandlung auf fast alle anderen europäischen Länder über. Ihr entscheidendes Gepräge erhält die Zeit durch die Begeisterung für neue Kräfte und durch Leistungen überragender, oft genialer Persönlichkeiten. Forschende Geister stoßen, auf die Allmacht der Vernunft vertrauend, in neue Gefilde des Denkens vor und begründen so moderne Wissenschaften. Entdeckerdrang und Unternehmergeist erobern neue Welten. Künstler und Dichter feiern den „schönen Menschen". In Italien, dem Geburtsland der Renaissance, entstehen Paläste von ebenmäßiger Schönheit. Schriftsteller und Musiker erneuern antike Kunstformen. Reger Handel mit fernen Ländern läßt Reiche noch reicher werden. Am deutlichsten offenbart sich die Auflösung gewohnter Bindungen im politischen Bereich. In schroffem Gegensatz zum universalen Reichsgedanken des Mittelalters entsteht eine neuartige politische Ideenwelt als Grundlage des modernen nationalen Machtstaats, der alle religiös-sittlichen Maßstäbe verwirft und seine eigenen Interessen (Staatsräson) verfolgt.

Neben dieser allgemeinen Renaissance bahnt sich eine religiös-kirchliche Bewegung an, die wir als „Reformation" kennen. Diese Strömung zielt, anders als der weltzugewandte Geist der Renaissance, auf Verinnerlichung und Gottunmittelbarkeit des persönlich-religiösen Lebens. Gemeinsam ist beiden Richtungen der Einsatz für die Rechte eines jeden Menschen. Diese starke Betonung der einzelnen Persönlichkeit hat freilich eine verwirrende Auflösung traditioneller Bindungen und eine gefährliche Verweltlichung der menschlichen Kultur zur Folge. Überraschenderweise kommt es – eine schlimme Kehrseite des Humanismus – zu blutigen Hexenverfolgungen, zu rücksichtslosem Wüten der Inquisition gegen Dissidenten, zu Pogromen an Juden, zum Völkermord an den Indios im fernen Amerika.

Was Glaube und Religion betrifft, erfährt der Humanismus eine widersprüchliche Beurteilung, obwohl man doch davon ausgehen darf, daß die Humanisten, von Ausnahmen abgesehen, Christen sein wollten und es wohl auch waren. Dichter, Künstler und Gelehrte wie Petrarca, Alberti, Valla, Ficino und Erasmus von Rotterdam gehörten sogar zum Klerus. Alberti und Valla standen überdies im Dienst des Papstes, und der berühmte Humanist Enea Silvio Piccolomini ging als Papst (Pius II.) in die Geschichte ein.

Muß ein Theologe schon als heidnisch gelten, wenn er auch humanistische Studien betreibt? Viele Geister der Renaissance versuchten eine Verbindung zwischen Antike und Christentum, zwischen klassischen und christlichen Gedanken herzustellen. Bei Erasmus konzentrierte sich alles auf die *philosophia Christi*. Vermutlich empfand er an klassischen Texten genausoviel Vergnügen wie an biblischen und patristischen.

Die Humanisten blieben aber nicht bei formalen Interessen (Grammatik, Rhetorik, Geschichtsschreibung, Moralphilosophie) stehen, ihr primäres Interesse galt dem Menschen als Individuum und der Natur als dem ihn umgebenden Kosmos. An die Stelle von asketischer Weltflucht traten immer mehr Lebenslust, Wissensdrang und Weltverliebtheit, ohne daß man deswegen den „Himmel", gemeint ist Gott, vergessen oder gar geleugnet hätte. Deshalb ist mit Recht von einem frommen oder christlichen Humanismus die Rede.

Andererseits begegnen wir aber gerade an der Spitze der Kirche, im Papsttum, einer rücksichtslosen Machtpolitik und bei nicht wenigen Päpsten einem allzu weltlichen Lebenswandel.

Renaissancepäpste

Die Römische Kurie in Gestalt des Papstes und der ihn umgebenden Kardinäle unterschied sich kaum von einem italienischen Fürstenhof. Viele der jetzt entstehenden Prachtbauten im Vatikan und der Paläste römischer Kardinäle stehen uns heute noch als glänzende Zeugnisse der Kultur jener Zeit vor Augen. Ob Musik oder Theater, ob Literatur oder Theologie, ob Architektur oder Feste, auf allen Gebieten wollte das päpstliche Rom ein Höchstmaß an Pracht und Repräsentation bieten.

Mit Nikolaus V. (1447–1455), einem begeisterten Humanisten, beginnt die Reihe der Renaissancepäpste. Dieser Pontifex Maximus setzte alles daran, um das tief gesunkene Rom zur Hauptstadt in der Welt der Kunst zu machen. Kirchen,

Paläste, Brunnen und Brücken verschönerten die Stadt des Papstes am Tiber. Der Neubau der Peterskirche wurde geplant und die Erweiterung des Vatikanpalastes begonnen. In der nach diesem Papst benannten Nikolauskapelle im Vatikan schuf Fra Angelico seine einzigartigen Fresken. Gelehrte wie Poggio, Filelfo und Valla gehörten zu den Familiaren des Papstes. Als leidenschaftlicher Sammler von Manuskripten und Büchern, ob von Klassikern oder Kirchenvätern, legte Nikolaus V. den Grundstock für die heute weltberühmte Vatikanische Bibliothek. Aus eigenem Besitz steuerte er über tausend griechische und lateinische Handschriften bei. Rege Bautätigkeit herrschte über Rom hinaus im Kirchenstaat.

Der Piccolomini-Papst Pius II. (1458–1464) hatte bereits in jungen Jahren die humanistische Kultur in Siena und Florenz kennengelernt. Als Autor amouröser Schriften *(Euryalus und Lucretia, Chrysis)* verschaffte sich Enea Silvio Piccolomini frühzeitig einen zweifelhaften Ruhm. Später schrieb er auch theologische Traktate und eine Biographie König Friedrichs III., der ihn als *poeta laureatus* ehrte. Nach einem lockeren Lebenswandel ließ sich Piccolomini im Alter von vierzig Jahren zum Priester weihen. Schnell stieg er die kirchliche Karriereleiter empor. Beim Baseler Konzil zählte er anfangs zu den Konziliaristen und stand damit gegen Papst Eugen IV.; er gehörte sogar zu den Mitarbeitern des Gegenpapstes Felix V. In gelehrten Abhandlungen verteidigte er den Vorrang des Konzils vor dem Papst. König Friedrich III. gelang es dann, Piccolomini dem Gegenpapst abspenstig zu machen und für seine Dienste zu gewinnen. 1445 söhnte sich Piccolomini mit Eugen IV. aus. Jetzt erfuhr sein Leben eine grundlegende Wende. Der einstige Lebemann wurde Bischof von Triest und dann Bischof von Siena. Der Erhebung zum Kardinal (1456) folgte zwei Jahre später seine Wahl zum Papst. In der Bulle *Execrabilis* (1460) verwarf der neue Pontifex Maximus mit dem Namen Pius II. jede gegen das Papsttum gerichtete Appellation an ein allgemeines Konzil. Um sein früheres Leben vergessen zu machen, gab er den Appell aus: „Vergeßt Aeneas und hört auf Pius!" *(Eneam reicite, Pium recipite)*.

Paul II. (1464–1471), ein Neffe Eugens IV., erwies sich als ein großzügiger Förderer der neuen Buchdruckerkunst und ein unersättlicher Sammler von Kunstschätzen. Er ließ den Palazzo Venezia erbauen, der neben dem Vatikan auch als päpstliche Residenz diente.

Unter Sixtus IV. (1471–1484), einst Francesco della Rovere, wuchs Rom zu einer exzellenten Stadt der Renaissance empor. Freigebig förderte der ehemalige Franziskanermönch Gelehrte und Künstler, darunter Ghirlandaio, Botticelli, Perugino, Pinturicchio, Melozzo da Forlì. Mit dem Namen dieses Papstes ist die Sixtinische Kapelle verbunden, darin das weltberühmte Fresko „Das Jüngste Gericht" von Michelangelo. Einst ein vorbildlicher Franziskaner, öffnete Sixtus dem weltlichen Treiben im Vatikan Tür und Tor. Neben seinen eigenen Kindern und Enkelkindern erhielten erstmals auch fremde Frauen Zugang. Dem Nepotismus huldigte dieser Papst allzusehr. Unter seinen zu Kardinälen erhobenen Neffen starb Pietro Riario wegen eines ausschweifenden Lebenswandels schon in jungen Jahren; ein anderer Neffe mit Namen Giuliano della Rovere regierte die Kirche als Papst Julius II. (1503–1513).

Innozenz VIII. (1484–1492) war der erste Papst, der seine illegitimen Kinder öffentlich anerkannte und ihre Hochzeiten zu rauschenden Festen im Vatikan machte. Er verheiratete seinen Sohn Franceschetto mit einer Tochter des Fürsten Lorenzo de' Medici von Florenz und nahm dessen erst dreizehnjährigen Sohn Giovanni in das Kollegium der Kardinäle auf. Mit der sogenannten Hexenbulle vom Jahr 1484, die der Dominikaner Heinrich Institoris seinem berüchtigten *Hexenhammer* (1487) voranstellte, bekannte sich Innozenz VIII. zum Glauben an die Realität der Hexerei und legitimierte die grausamen Hexenverfolgungen.

Einen Höhepunkt erreichte das Renaissancepapsttum unter dem Spanier Rodrigo Borgia, der als Alexander VI. (1492–1503) dem Papsttum zur größten Schande gereichte. Er war ein Neffe von Papst Calixt III. Seine zahlreichen illegitimen Kinder bedeuteten kein Hindernis für seine Papstwahl, bei der er allerdings mit Bestechung nachgeholfen hat.

Giuliano della Rovere, der schon genannte Neffe von Sixtus IV., regierte als Julius II. (1503-1513) wie ein mächtiger Renaissancefürst. Zahlreiche Neubauten gaben der Stadt Rom ein imposantes Aussehen. 1506 legte der Papst den Grundstein für die neue Peterskirche. Raffael malte die päpstlichen Gemächer aus, Michelangelo arbeitete an einem grandiosen Grabdenkmal, mit dem Julius über den Tod hinaus für seinen Nachruhm sorgen wollte. Giovanni de' Medici, der älteste Sohn von Lorenzo dem Prächtigen, steht als Leo X. (1513-1521) in der Papstliste. Kunst und ein unbeschwertes Leben erschienen diesem Nachfolger des hl. Petrus weitaus wichtiger als das religiöse Anliegen Martin Luthers, das der Papst geringschätzig als „Mönchsgezänk" abtat.

Nur knapp zwei Jahre leitete der Holländer Hadrian VI. (1522-1523) die Geschicke der schwer bedrängten Kirche. Wenngleich ein Mann der Wissenschaft, lag ihm doch auch eine allgemeine Erneuerung der Kirche sehr am Herzen. Die von Martin Luther angestoßene Reformation des Glaubens ließ sich, von Rom aus gesehen, nicht mehr aufhalten, zumal diesem integren Papst nur ein kurzer Pontifikat vergönnt war.

Sein Nachfolger Clemens VII. (1523-1534) aus dem Hause Medici beschäftigte sich wieder mehr mit politischen und kriegerischen Händeln. Auch die Einnahme Roms durch kaiserliche Truppen („Sacco di Roma", 1525) bewog ihn nicht zum Umdenken. Von der Einberufung eines allgemeinen Konzils wollte er nichts wissen, weil er davon eine Beeinträchtigung der Sonderstellung des Papstes innerhalb der Kirche befürchtete.

Kardinal Alessandro Farnese, der spätere Papst Paul III. (1534-1549), hatte seine Erhebung zum Kardinal dem Verhältnis seiner Schwester Giulia mit Papst Alexander VI. zu verdanken. Er selbst lebte, ungeachtet seiner Stellung in der kirchlichen Hierarchie, mit der Römerin Silvia Ruffini im Konkubinat und nannte vier Kinder sein eigen, die er mit Ämtern und Besitz reichlich versorgte. Der Nepotismus feierte unter diesem Pontifex Maximus fröhliche Urständ. Kaum zum Papst gewählt, berief Paul III. seinen erst 14 Jahre zählenden

Enkel Alessandro Farnese in das Kollegium der Kardinäle. Um den Bau der Jesuitenkirche Il Gesù in Rom machte er sich ebenso verdient wie um den Palazzo Farnese, der heute noch zu den Sehenswürdigkeiten in Rom zählt.

Was die innere Reform der Kirche betrifft, schwankte Papst Paul III. persönlich zwischen dem Leben eines Renaissancefürsten und dem Vorbild eines guten Hirten. Nach langem Zaudern entschloß er sich doch zur Einberufung des von verschiedenen Seiten mit Ungestüm geforderten Konzils (Trient 1545). Mit der Ernennung von Kardinälen, die ganz der Erneuerung der Kirche zugetan waren, und der Gründung einer Reformkommission, die 1536 ein ungeschminktes Programm für eine Besserung der Kirche namentlich in der Hierarchie vorlegte, ließ Papst Paul III. erkennen, daß er sich selbst von seinem allzu weltlichen Denken und Leben lösen wollte, um der durch die Reformation schwer bedrängten römisch-katholischen Kirche das Beispiel echter Hirtensorge zu geben.

Die religiöse und kirchliche Lage am Ende des Mittelalters

Die antipäpstliche Bewegung, wie sie vor allem auf den Kirchenversammlungen in Konstanz und Basel mit der sogenannten konziliaren Idee offensichtlich geworden war, verlor gegen Ende des 15. Jahrhunderts ihre Stoßkraft. Nutznießer waren in erster Linie die Fürsten, weil die Päpste ihnen in Konkordaten viel Entgegenkommen zeigten.

Das Ansehen des Papsttums stieg zwar mit seinem Interesse für die weltliche Kultur der Renaissance, doch hatte diese Hinwendung auf weite Strecken einen Verrat an seiner religiösen Sendung zur Folge. Die päpstliche Kurie huldigte im Bereich der Verwaltung einem extremen Kurialismus, wobei der Papst auf Grund seiner unbeschränkten Vollgewalt *(plenitudo potestatis)* über die gesamte Kirche die Rolle eines absoluten Regenten spielte. Er konnte Privilegien verleihen, Dispensen erteilen und Strafen verhängen, wie es ihm beliebte. Versuche einzelner Kanonisten, den Papst an Recht und Gerechtigkeit zu binden, zeitigten wenig Erfolg.

Die Päpste dieser Zeit sorgten sich wie Fürstendynastien vorrangig auch um den einen beträchtlichen Teil Italiens umfassenden Kirchenstaat und betrieben eine unwürdige Vetternwirtschaft (Nepotismus). Dies gilt in erster Linie für Alexander VI.; doch Julius II. und Leo X. standen ihm in dieser Hinsicht kaum nach.

Was die theologische Lage betrifft, kritisierte schon der Priester und Humanist Lorenzo Valla († 1457), einige Jahre Scriptor am Hof des Papstes, die ganze mittelalterliche Welt habe nicht nur die Klassiker, sondern auch das Christentum verdorben. Dieses Urteil sollte sogar auf Thomas von Aquin zutreffen, weil selbst diesem genialen Theologen das radikal Neue der christlichen Botschaft verborgen geblieben sei. Valla forderte eine breite religiöse Erneuerung, bei der auch antike Tugenden ihren Platz finden sollten. Rettung sah er nicht allein in der Rückkehr zur Predigt des Apostels Paulus; denn das Christentum habe ganz allgemein durch die Schuld der „Barbaren", wie man die „Modernen", d.h. die Gelehrten des 13. und 14. Jahrhunderts gelegentlich bezeichnete, seine ursprüngliche Reinheit verloren. Und die Kirche sei, statt ihre geistliche und universale Mission zu erfüllen, zu einer von Parteikämpfen und Kriegen gezeichneten Macht degeneriert.

„Das Gesamtresultat der spätmittelalterlichen Entwicklung war also nicht eine Stärkung des Papsttums und seiner Idee, sondern ihre allgemeine Verdunkelung. Die Vorstellung vom Papsttum als einer einmaligen, gar nicht vergleichbaren, religiösen, unantastbaren Institution, die Idee des ‚Katholischen' als des objektiv und im Gewissen Bindenden, im Wesen über Kritik und Gegenwirkung schlechthin Erhabenen, war gefährlich geschwächt. Nur diese in breitestem Ausmaß ins Bewußtsein der Völker bzw. ihrer geistigen und politischen Führer gedrungene Erweichung machte die Reformation möglich" (Joseph Lortz).

X. Martin Luther im Bannkreis des Papsttums

Martin Luther (1483–1546) weilte 1510/11 zum ersten und gleichzeitig zum letzten Mal in Rom, um als Begleiter seines Lehrers Johann Nathin an der Kurie des Papstes einen internen Streit der Augustinereremiten beizulegen. Wie ein erwartungsvoller Pilger rief er beim Anblick der Ewigen Stadt aus: „Sei mir gegrüßt, heiliges Rom!" Hier wollte er eine Generalbeichte ablegen und besondere Ablässe gewinnen. Am päpstlichen Rom, speziell am damaligen Papst Julius II., nahm er kein Ärgernis. Der Pontifex Maximus, wie man den Papst erst seit dem 15. Jahrhundert zu nennen pflegte, war zu diesem Zeitpunkt nicht in Rom, sondern wieder einmal unterwegs auf einem Kriegszug in Italien.

Erst später kam Luther zu negativen Urteilen über das Papsttum, wie sie vor allem seinen Tischreden, einer nicht immer zuverlässigen Quelle, zu entnehmen sind. Er tat jetzt so, als habe ihn schon damals die ganze Renaissance-Atmosphäre und speziell die veräußerlichte Religiosität in Rom abgestoßen. „Die Priester schnatterten die Messe herunter." Oder: „Als ich gerade beim Evangelium angelangt war, war der Priester neben mir schon zu Ende und rief: ‚Los, mach fertig, beeil dich!'" Ein anderer Stein des Anstoßes waren für ihn die vielen ungebildeten Beichtväter. Hinzu kam die Reliquienschau, die ihm gar als Reliquiensucht erschien. Einzelne Behauptungen, zum Beispiel diese, Alexander VI. sei ein getaufter Jude (Marrane) und völlig glaubenslos gewesen, nahm er vermutlich selbst nicht ernst.

Der Mönch aus Wittenberg war am Anfang alles andere als ein Papstgegner. Und auch die Romfahrt hat ihn nicht dazu gemacht. Noch in einer Predigt zum Fest Petri Kettenfeier am 1. August 1516 beteuerte er hoch und heilig, die Kirche wäre niemals vollkommen gewesen, wenn Christus seine Gewalt nicht einem einzigen Menschen übertragen hätte; denn sonst könnte jeder von sich behaupten, er sei vom Heiligen Geist erleuchtet, und am Ende gäbe es so viele Kirchen wie Köpfe.

Ja, er äußerte sich noch schärfer: Alle Mächte der Welt und der Hölle könnten gegen diesen einen Gewaltenträger nichts ausrichten. Die römische Kirche sei ein Hort der Wahrheit; es gebe deshalb keinen Grund, sich von ihr zu trennen. Luther erscheint hier als ein echter Papalist.

Dies alles hinderte den Mönch, Priester und Theologen Luther jedoch nicht, in der Predigt wie in der Vorlesung kirchliche Mißstände seiner Zeit scharf zu kritisieren. Bei einer Vorlesung über den Römerbrief (1515/16) prangerte er den Luxus und die Habgier der Römischen Kurie schonungslos an. Seine Kritik richtete sich aber nicht allein gegen die Obrigkeit. Wenn er in einer Vorlesung über die Psalmen die Bezeichnung „Halbchristen" gebrauchte, dachte er dabei ganz allgemein an die Christen seiner Zeit: „Traurig und erbärmlich ist das Angesicht der Kirche, weil die Frucht des Geistes fehlt, nämlich Liebe und Freude."

Es lohnt sich, Luthers Auffassungen über Papst und Papsttum von Jahr zu Jahr bis an sein Lebensende zu verfolgen.

1517: Mit der Bitte um Stellungnahme verschickt Luther am 31. Oktober seine berühmt gewordenen 95 Thesen über den Ablaß an Erzbischof Albrecht von Mainz und an Bischof Hieronymus von Brandenburg, den für ihn zuständigen Bischof. Doch statt dem fragenden Theologieprofessor Antwort zu geben, erstattet der Mainzer Erzbischof kurzerhand Anzeige in Rom. Die Thesen enthalten allerdings schon Angriffe auf das Papsttum, wenn der Autor dem Papst bestimmte Vollmachten abspricht, zum Beispiel die Vollmacht, den Erlaß von Sündenstrafen auch Verstorbenen zukommen zu lassen. Stark eingeschränkt finden wir die päpstliche Kompetenz vor allem in den *Resolutiones*, mit denen Luther seine Ablaßthesen ausführlich begründen will.

1518: Luther wird nach Rom vorgeladen, weigert sich aber, in die „Höhle des Löwen" zu gehen. Tatsächlich kommt man ihm entgegen: Der Dominikanertheologe Kardinal Cajetan soll als päpstlicher Legat beim Augsburger Reichstag mit Luther eine Einigung erzielen. Weil aber beide sich nicht verständigen können, appelliert Luther an „den richtiger zu informierenden Papst", den er noch für den Mund der Kirche hält, und flicht aus der Fuggerstadt. Wieder zu Hause in Wittenberg, fordert der unnachgiebige Mönch ein allgemeines Konzil. Inzwischen ließ der Papst ein Dekret ergehen, das die Lutherschen Thesen größtenteils verwirft. Zum ersten Mal bezeichnet Luther jetzt den Papst als den Antichristen. Im Widerspruch dazu schreibt derselbe Luther am 30. Mai an den Papst: „Allerheiligster Vater, ich lege mich Deiner Heiligkeit zu Füßen und übergebe mich Dir mit allem, was ich bin und was ich habe. Laß mich leben oder sterben, billige mein Werk oder verwirf es nach Deinem Gefallen. Deine Stimme will ich als Christi Stimme erkennen, der in Dir herrscht und redet. Habe ich den Tod verdient, so will ich mich des Todes nicht weigern." Papsttreuer kann man sich nicht geben! Beim Verhör vor Cajetan in Augsburg jedoch soll Luther den Standpunkt vertreten haben, nur dann gehorchen zu wollen, wenn er aus der Bibel oder mit Vernunftgründen widerlegt werde.

1519: Folgenschwer verläuft die Disputation zwischen Luther und dem Ingolstädter Theologieprofessor Johannes Eck in Leipzig. Dabei leugnet der Wittenberger nicht bloß den Primat des Papstes, er hält es jetzt sogar für möglich, daß allgemeine Konzilien Irrtümer verkünden. Dennoch appelliert Luther am 28. November von Wittenberg aus an ein Konzil, weil dieses allein einen Ausweg zeigen könne. Konzilien bleiben nach Luthers Überzeugung lediglich dann frei von Irrtum, wenn sie sich streng an die Heilige Schrift *(sola scriptura)* halten.

1520: In diesem Jahr veröffentlicht Luther seine drei großen Programmschriften. Im Mittelpunkt stehen folgende zwei Hauptlehren: Das Konzil ist die oberste Instanz der Kirche, wenn auch nicht unfehlbar; und: Der Papst ist der Antichrist. Zu dieser extremen Ansicht provozierte ihn der Leipziger Franziskaner August Alfeld mit einer Schrift, die beweisen sollte, daß das Papsttum auf göttlichem Recht beruhe. Dagegen schreibt Luther den im Ton überaus scharfen Traktat *Von dem Papsttum zu Rom, wider den hochberühmten Romanisten zu Leipzig*. Romanist heißt hier soviel wie „Römling",

Rom-Anhänger, Verfechter des römischen Papsttums, und gemeint ist kein anderer als der genannte Franziskaner aus Leipzig. Luther lehnt es rundweg ab, den Papst als das Haupt der Christenheit hinzustellen. Für ihn ist der Papst ein Bote wie die anderen Apostel auch. Der „Fels", von dem im Matthäusevangelium (16,18) die Rede ist, sei Christus und der Glaube an ihn. Wenn man aus der menschlichen Ordnung des Papsttums einen göttlichen Glaubensartikel machen wolle, erklärt Luther in allem Freimut, dann sei „der Papst der rechte Antichrist". Auf die Androhung des Kirchenbanns durch Papst Leo X. reagiert Luther mit der Schrift *Adversus Antichristi bullam*. Falls diese Bulle nicht widerrufen werde, konstatiert der Verfasser, stehe der Papst als Feind Gottes, als Verfolger Christi, als Zerstörer der Christenheit und als Antichrist fest. Luther läßt den Worten auch bald Taten folgen, indem er die Bannandrohungsbulle mitsamt dem kirchlichen Gesetzbuch vor dem Elstertor in Wittenberg ins Feuer wirft. Bei dieser Aktion animiert er die Studenten mit den Worten: „Auf, du fromme Studentenjugend, sei Zeuge dieses heiligen und gottgefälligen Schauspiels. Denn vielleicht ist jetzt die Zeit, da der Antichrist offenbar werden soll." Ein paar Wochen später gewährt Luther seinem Ordensoberen Staupitz brieflich Einblick in sein seelisches Ringen: „Ich habe die Bücher des Papstes und die Bulle verbrannt, zuerst zitternd und betend, aber jetzt bin ich fröhlicher als durch irgendeine andere Tat meines ganzen Lebens."

1521: Mit der Bulle *Decet Romanum Pontificem* vom 3. Januar belegt Leo X. den hartnäckigen Mönch mit der Exkommunikation. Auf der Tagesordnung des Reichstags zu Worms steht auch die Sache Luthers. Die Tatsache, daß Luther, wenngleich schon vom Papst exkommuniziert, hier Gelegenheit bekommen soll, sein Anliegen persönlich vorzutragen, zeigt deutlich, daß die kirchenpolitischen Verhältnisse im Deutschen Reich sich grundlegend geändert haben. Wenn in früheren Zeiten ein Herrscher dem Kirchenbann verfallen war – gleichgültig, ob es sich um König Heinrich IV., Kaiser Friedrich II. oder Ludwig den Bayern handelte –, dann mußte dieser alles daransetzen, um so schnell wie möglich vom Bann gelöst zu werden, weil er sonst der Herrschaft verlustig gegangen wäre. Doch nach der Wahlkapitulation, die Luthers Landesherr Kurfürst Friedrich der Weise bei der Kaiserwahl im Jahre 1519 durchgesetzt hatte, mußte Kaiser Karl V. vor Erlaß der Reichsacht den Betroffenen rechtliches Gehör und folglich freies Geleit gewähren. Diese Beschneidung der traditionellen kaiserlichen Kompetenz und der engen Verbindung von Reich und Kirche war eine Folge des ständisch-territorialen Machtzuwachses. Jetzt steht also ein exkommunizierter Mönch vor der höchsten Versammlung des Reiches und darf in Glaubensdingen um sein Recht streiten. Es kommt aber zu keiner wirklichen Disputation. Luther hat nur die Frage zu beantworten, ob er seine von Rom verurteilten Schriften widerrufen wolle. Er bittet um einen Tag Bedenkzeit. Am 18. April erhält er dann doch noch Gelegenheit zu einem großen Plädoyer für sein Anliegen. Der furchtlose Mönch bekennt offen, daß er in einigen Schriften das Papsttum und alles, was dazu gehört, bekämpfe, „weil die Papisten mit ihren schlechten Lehren und Beispielen den christlichen Erdkreis geistig und leiblich zugrunde gerichtet haben. Denn niemand kann leugnen oder verbergen, was die Erfahrung und die Klage aller bezeugen: Die Gesetze des Papstes und die Menschenlehren haben die Gewissen der Gläubigen in Fesseln geschlagen, mißhandelt und zu Tode gefoltert, und Hab und Gut sind – vor allem in unserer ruhmreichen deutschen Nation – durch unglaubliche Tyrannei verschlungen worden und werden noch weiter ohne Ende und auf die unwürdigste Art verschlungen. Und in ihren eigenen Dekreten machen sie den Vorbehalt, Gesetze und Lehren des Papstes, die dem Evangelium oder den Lehren der Väter widersprechen, seien irrig und ungültig. Widerrufe ich daher auch diese Schriften, so stärke ich die Tyrannei und öffne solcher Gottlosigkeit nicht nur die Fenster, sondern auch die Pforten, so daß sie sich weiter und ungehinderter ausbreitet, als sie bis jetzt je gewagt hat." Luther knüpft daran die Frage, ob jemand seine Lehren widerlegen könne, und erklärt sich zu folgendem Zugeständnis bereit: „Ich werde, wenn ich belehrt worden bin, bereit sein, jeden Irrtum zu widerrufen, und meine Bücher als erster ins Feuer werfen." Zum Schluß bittet er den anwesenden Kaiser Karl V., „es nicht zuzulassen, daß der Eifer meiner Gegner mich ohne Grund bei ihnen in Ungnade stürzen läßt". Entscheidungen von Konzilien dürften nicht bezweifelt werden, lautet die Antwort, die Luther freilich nicht genügt. Er beharrt auf Widerlegung: „Wenn ich nicht durch Schriftzeugnisse oder einen klaren Grund widerlegt werde – denn allein dem Papst oder den Konzilien glaube ich nicht; es steht fest, daß sie häufig geirrt und sich auch selbst widersprochen haben –, so bin ich durch die von mir angeführten Schriftworte überwunden. Und da mein Gewissen in den Worten Gottes gefangen ist, kann und will ich nichts widerrufen, weil es gefährlich und unmöglich ist, etwas gegen das Gewissen zu tun. Gott helfe mir. Amen." (Das vielzitierte „Hier stehe ich, ich kann nicht anders!" ist historisch nicht zu beweisen). Am Ende wird Luther ohne großen Disput und, was noch wichtiger ist, ohne Beteiligung der Reichsstände verurteilt und allein vom Kaiser mit der Reichsacht belegt.

1522: Kardinal Adrian (Florensz) aus Utrecht, Kaiser Karls Ratgeber und Beichtvater, wird am 9. Januar zum Papst gewählt und behält als Papst Hadrian VI. seinen Vornamen bei. Kampf gegen die Türken und Reform der Kirche sind die beiden Hauptanliegen des aus den Niederlanden stammenden Pontifex. Beim Reichstag in Nürnberg 1522/23 läßt Hadrian seinen Legaten Chieregati ein Breve und eine Instruktion verlesen. In dem Breve bekräftigt der Papst die Verurteilung Luthers durch seinen Vorgänger und fordert die Durchführung des Wormser Edikts: „Wir mögen nicht an das Unglaubliche denken, daß eine so große und fromme Nation durch einen Mönch, der vom katholischen Glauben abgefallen, sich von dem Weg der Wahrheit wegführen lasse, gleichsam als ob Luther allein weise sei und den heiligen Geist habe und als ob die Kirche, der Christus bis zum Ende der Tage seinen Beistand verheißen hat, auf dem Wege des Verderbens gewandelt wäre, bis Luthers neues Licht sie hätte erleuchten müssen." In der Instruktion läßt Hadrian zwar keinen Zweifel daran, daß Luther als Häretiker anzusehen sei, räumt aber andererseits eine Mitschuld der ganzen Kirche ein: „Gott läßt diese Verfolgung seiner Kirche geschehen wegen der Sünden der Menschen, besonders der der Priester und Prälaten [...]. Wir wissen wohl, daß auch bei diesem Heiligen Stuhl schon seit manchem Jahr viel Verabscheuungswürdiges vorgekommen: Mißbräuche in geistlichen Dingen, Übertretungen der Gebote, ja, daß alles sich zum Ärgeren verkehrt hat. So ist es nicht zu verwundern, daß die Krankheit sich vom Haupt auf die Glieder, von den Päpsten auf die Prälaten verpflanzt hat. Wir alle, Prälaten und Geistliche, sind vom Wege des Rechtes abgewichen, und es gab schon lange keinen einzigen, der Gutes tat." Und der Papst legt das Versprechen ab, „allen Fleiß anwenden zu wollen, damit zuerst der Römische Hof, von welchem vielleicht all diese Übel ihren Anfang genommen, gebessert werde". Papst Hadrian, einst Erzieher, Politiker und Bischof, ist freilich Realist genug, um zu wissen, daß eine überstürzt durchgeführte Reform nur noch mehr Verwirrung anrichten könnte. „Doch soll sich niemand wundern", gibt er darum zum Schluß der Instruktion zu bedenken, „daß wir nicht mit einem Schlage alle Mißbräuche beseitigen. Denn die Krankheit ist tief eingewurzelt und vielgestaltig. Es muß daher Schritt für Schritt vorgegangen und zuerst den schwersten und gefährlichsten Übeln durch rechte Arzneien begegnet werden, um nicht durch eine übereilte Reform alle Dinge noch mehr zu verwirren." Die Worte des Papstes bleiben indes ohne Wirkung. Folglich fordern die Teilnehmer des Reichstags vom Papst die Einberufung eines allgemeinen Konzils, damit dort die drängenden Angelegenheiten beraten und gelöst werden können. – Im *Sermo von der Gewalt Sankt Peters* stellt Luther den Papst als „Erzgotteslästerer" hin. „Das ganze päpstliche Regiment" ist nach seiner Meinung „auf Lügen und Lästerungen aufgebaut".

1523: Luther bezeichnet die *Bulla coenae domini*, die alljährlich am Gründonnerstag neu publiziert wird, um den Bischöfen außerordentliche Vollmachten zu erteilen, wegen ihres juristischen Charakters völlig pietätlos als „Die Bulle vom Abendfressen vom allerheiligsten Herrn des Papstes". Der Wechsel auf dem Stuhl des hl. Petrus von Hadrian VI. zu Clemens VII. scheint Luther nicht zu interessieren. Das Papsttum bleibt für ihn fragwürdig, wer auch immer der jeweilige Papst sein mag.

1528: Luther läßt ein *Sendschreiben gegen die Schwärmer* ausgehen. Völlig unerwartet überschüttet er darin die Papstkirche mit Lob: „Wir bekennen, daß unter dem Papsttum viel christliches Gut, ja alles christliches Gut sei, und auch daselbst hergekommen sei an uns, nämlich wie wir bekennen, daß im Papsttum die rechte Heilige Schrift sei, rechte Taufe, rechtes Sakrament des Altares, rechte Schlüssel zur Vergebung der Sünden, rechtes Predigtamt, rechter Katechismus, als die zehn Gebote, die Artikel des Glaubens, das Vaterunser [...]. Wir schwärmen nicht also wie die Rottengeister, daß wir alles verwerfen, was das Papsttum unter sich hat, denn so würden wir auch die Christenheit verwerfen mit allem, das sie in Christo hat." Ist Luther wieder „katholisch", ja „päpstlich", weil die allgemeine politische Ordnung dies erfordert?

1530: Auf dem Reichstag in Augsburg wird das von Melanchthon erarbeitete „neue" Glaubensbekenntnis, bekannt als *Confessio Augustana,* diskutiert. Luther, der als Exkommunizierter und Geächteter nicht anwesend sein kann, wohl aber die Ereignisse von der Veste Coburg aus verfolgt, vermißt einen Artikel über den Papst als Antichristen. Wenngleich die *Confessio* von katholischer Seite mit der *Confutatio* zurückgewiesen wird, gestatten doch die Mitglieder des Reichstags und auch Kaiser Karl V. die Priesterehe und die Kommunion der Laien unter beiden Gestalten bis auf weiteres.

1537: In den sogenannten Schmalkaldischen Artikeln behauptet Luther, daß das Papsttum nicht göttlichen Rechtes sei und daß der Papst nicht das Haupt der Christenheit sein könne, da allein Christus dieses Prädikat gebühre. Die gegenteilige Ansicht, daß nur selig werden könne, wer dem Papst gehorche und ihm in allen Dingen untertan sei, weist er ganz entschieden als falsch zurück.

1545: Nach jahrelanger Hinhaltetaktik der Päpste eröffnet ein Legat Pauls III. in der Reichsstadt Trient ein Allgemeines Konzil. Luther wirft mit seiner Schrift *Wider das Papsttum zu Rom vom Teufel gestiftet* besonders umstrittene Thesen in die Debatte. Zuerst beantwortet er die Fragen, ob der Papst das Haupt der Christenheit und der Herr der Welt sei, ob über ihn geurteilt und gerichtet werden dürfe, und schließlich, ob ein Papst das Römische Reich von den Griechen auf die Deutschen übertragen habe. Er schmäht den Papst als Fälscher der Heiligen Schrift, als Lügner und Gotteslästerer, als Schänder aller Apostel und der ganzen Christenheit und als verlogenen Bösewicht. Eine maßlose Diffamierung ist es, wenn er dem Papst vorwirft: „Horestus, Papst Paul, du hast als erstes keinen Glauben und achtest Gott nicht mitsamt deinen Söhnen, Kardinälen und dem Römischen Hofgesinde. Denn Ihr seid eine Epikureische Sau." Wenn der bissige Kritiker hier auf ein Wort des Dichters Horaz vom „Schweinchen aus der Herde Epikurs" anspielte, wußte er vermutlich nichts von der feinen humanistischen Bildung des Papstes, der in seiner Jugend unter Anleitung eines italienischen Neuepikureers Lukrez studiert hatte. Selbst an Aufforderungen zur Gewaltanwendung gegen Papst und Kardinäle – man solle sie im Meer bei Ostia versenken! – läßt es Luther in diesem Pamphlet nicht fehlen. Trotz allem gesteht er dem Papst einen Primat des Dienstes zu. Von einem Vorrang der Herrschaft oder gar von Unfehlbarkeit will er jedoch nichts wissen.

1546: Luther ringt um ein seliges Sterben. Kurz vor seinem Tod am 17. Februar in Eisleben legt der frühere Mönch und exkommunizierte Priester ein Bekenntnis ab, das seine schwankende Haltung inmitten aller Auseinandersetzungen und Kämpfe verrät: „Meine Bücher, entstanden, wie es der Zufall oder vielmehr der Zwang der sich überstürzenden Ereignisse mit sich brachte, bilden ebenso eine wirre, zusammenhanglose Masse, die mir selbst zu ordnen schwerfallen sollte [. . .]. Vor allem bitte ich um unseres Herrn Jesu Christi willen, das alles mit gesundem Urteil und tiefem Erbarmen zu lesen. Man muß wissen, daß ich damals ein Mönch und ein ganz unsinniger Papist war, als ich jenes Werk in Angriff nahm, so berauscht, ja so versunken in die Glaubenslehren des Papsttums, daß ich imstande gewesen wäre, jeden womöglich zu ermorden, zu solcher Tat Beihilfe zu leisten oder wenigstens sie gutzuheißen, der dem Papste auch nur mit einem Worte den Gehorsam verweigert hätte. Ein solcher Saulus war ich damals, wie es heute noch viele gibt." Besonders aufschlußreich ist dann noch Luthers Geständnis: „Ich bin nur durch die Verkettung der Umstände, nicht aus freien Stücken und mit Vorbedacht in diesen Sturm hineingeraten: des ist Gott mein Zeuge!"

Zusammenfassend können wir sagen: Luther lehnt zu keiner Zeit das Papsttum ganz ab. Wenn die Kirche die Bibel als obersten Maßstab anerkennt und auch der Papst sich der Heiligen Schrift unterordnet, ist Luther mit dem Papst einverstanden. Immer wieder ist es jedoch das Gewissen, dem Luther in allen Dingen den unbedingten Vorrang einräumt: Ich will „den Papst verehren, wenn er mir mein Gewissen freiläßt und mich nicht zwingt, daß ich Gott verletze".

XI. Die päpstliche Inquisition

Diözesane Behörden, die sich mit Häretikern befaßten, gab es seit dem Hochmittelalter in verschiedenen Ländern. Am besten erforscht ist das Wirken der kirchlichen Inquisition in Frankreich und in Spanien. Das lateinische Wort „Inquisitio" (d. h. Ausforschung) zeigt bereits an, daß die Leugner bestimmter Glaubenslehren aufgespürt und überprüft werden sollten. Die päpstliche Kurie in Rom oder auch in Avignon griff anfangs selten und dann nur in besonders schweren Fällen ein. Der berühmte Theologe Abaelard († 1142) mußte sich zuerst vor einem bischöflichen Gericht und später vor der Synode in Sens verantworten, um am Ende seine Verurteilung als Ketzer zu vernehmen. 1328 hatte sich eine kleine Gruppe von Franziskanern, angeführt von Wilhelm von Ockham, bei der päpstlichen Kurie in Avignon einzufinden. Die sichere Verurteilung vor Augen, flüchteten sie an den Hof Ludwigs des Bayern in München und riefen von dort aus die Christen zur Rebellion gegen den Papst auf.

Der böhmische Priester Jan Hus sollte Gelegenheit zu seiner Verteidigung vor dem Konstanzer Konzil erhalten. Weil er sich aber von Lehren, die schon der Engländer Wyclif vertreten hatte, nicht lossagen wollte, endete er 1415 in Konstanz auf dem Scheiterhaufen. Der fanatische Dominikaner Savonarola wurde 1499 von Papst Alexander VI. exkommuniziert und auf dem Marktplatz von Florenz verbrannt. Diese prominenten Beispiele stehen für ungezählte Christen, die während des Mittelalters ein ähnliches Schicksal erleiden mußten.

Papst Innozenz VIII. setzte in seiner unseligen Hexenbulle *Summis desiderantes affectibus* (1484) Hexerei mit Ketzerei gleich, so daß von da an Hexerei in die Kompetenz der Inquisitionsbehörden fiel, mit der Folge, daß Männer und Frauen, bisweilen sogar Kinder, wegen sogenannten Irr- oder Unglaubens grausam verfolgt und zu Tausenden hingerichtet wurden. Erst im 17. Jahrhundert bereitete man diesem unchristlichen Treiben langsam ein Ende.

Die stetige Ausbreitung der lutherischen Reformation dürfte Paul III. hauptsächlich bewogen haben, mit der Bulle *Licet ab initio* (1542) die römische Inquisition – *Sanctum Officium,* später *Sacra Congregatio Romanae et universalis inquisitionis* genannt – als eine Behörde für die gesamte römisch-katholische Kirche ins Leben zu rufen. An der Spitze stand der Großinquisitor, ihm zur Seite eine Vielzahl von Inquisitoren. Die zunächst aus sechs Kardinälen bestehende Inquisitionskommission in Rom sollte sich um die Reinhaltung des Glaubens kümmern. Vermeintliche Häretiker wurden aufgespürt, verhört und entsprechend bestraft. Die Sanktionen reichten von Haft bis Hinrichtung, wobei weltliche Obrigkeiten die nötige Unterstützung gewährten.

Unter dem strengen Kardinal Giovanni Pietro Caraffa, der als Papst Paul IV. (1555–1559) sein rigoroses Regiment fortsetzte, wurde die Inquisitionskongregation zu der am meisten gefürchteten Behörde der Römischen Kurie. Ihre Härte bekamen wegen Verdachts auf Häresie sogar Ignatius von Loyola, der Gründer der Gesellschaft Jesu (Jesuitenorden), und Kardinal Giovanni Morone († 1580) zu spüren. Morone wurde zwei Jahre in der Engelsburg gefangengehalten, nach des Papstes Tod aber sogleich freigelassen und unter Pauls Nachfolger Pius IV. rehabilitiert. Paul IV. publizierte als erster Papst eine Liste (Index) mit Titeln von Büchern, deren Lektüre, ja deren Besitz schon verboten war. Nach dem Tod dieses Papstes trachtete das römische Volk dem rigorosen Generalinquisitor Ghislieri, wie viele seiner Amtskollegen Mitglied des Dominikanerordens, nach dem Leben. Wenn auch Ghislieri überleben konnte, der Palast der Inquisition ging doch in Flammen auf. Und ausgerechnet der Fanatiker Ghislieri sollte als Pius V. an die Spitze der katholischen Kirche treten.

Pius IV. (1559–1565) war die Ketzerjagd seines Vorgängers zuwider. Er vermochte jedoch nichts auszurichten gegen den spanischen König Philipp II., als das Schicksal des Erzbischofs Bartolomé Carranza von Toledo, der wegen seines von scholastischer Terminologie freien Katechismus häresieverdächtig erschien, in den Händen der spanischen Inquisition lag. Pius V., dem wir schon als Kardinal Ghislieri begegnet sind, erreichte es, daß der Prozeß von Spanien nach Rom verlegt wurde. Das Verfahren endete erst unter Papst Gregor XIII. mit der Verurteilung des Angeklagten, der 16 Sätzen abschwören mußte und nach Ableistung einer Bußstrafe noch fünf Jahre in Klosterhaft verbringen sollte. Doch dazu kam es nicht mehr, da Carranza schon am 2. Mai 1576 in Rom verstarb.

Während Pius' V. Pontifikat (1566–1572) lief das Geschäft des *Sanctum Officium* auf Hochtouren, weil man vor allem das weitere Vordringen protestantischer Ideen verhindern wollte. Als die Zahl der Gefangenen anstieg und die Gerichtsakten immer mehr Platz erforderlich machten, ließ der Papst in nächster Nähe des Vatikans einen fluchtsicheren Neubau der Inquisitionsbehörde errichten, in dem heute noch die „Kongregation für die Glaubenslehre" ihren Sitz hat. Verschwunden ist allerdings die Inschrift über dem Hauptportal: „Pius V. Pontifex Maximus errichtete zur Mehrung der katholischen Religion im Jahre 1569 dieses Gebäude, in dem die Anhänger häretischer Schlechtigkeit gezüchtigt werden."

Die „Häretiker" mußten in der Tat manche Züchtigung ertragen. Mehrmals im Jahr wurden Gefangene der Inquisition zur Dominikanerkirche S. Maria sopra Minerva transportiert. Auf dem Platz zwischen der Kirche und dem Pantheon fanden häufig in Gegenwart des Papstes, vieler Prälaten und weltlicher Würdenträger sowie einer schaulustigen Volksmenge feierliche Autodafés statt, die mit dem Urteilsspruch über die Delinquenten endeten. Einem Teil der verurteilten Kleriker oder Laien winkte nach dem Widerruf der inkriminierten Lehren oder Schriften die Freiheit, andere mußten ihre Vergehen mit Gefängnishaft oder Galeerendienst büßen, und wieder andere blieben gnadenlos zur Hinrichtung verurteilt. Pietro Carnesecchi, einst Sekretär Clemens' VII., wurde im Herbst 1567 enthauptet und dann verbrannt, nur weil er allgemein für Kirchenreformen und speziell für eine Verständigung mit den Lutheranern eingetreten war. In Ausnahmefällen erfolgte die Verbrennung bei lebendigem Leib. Auch dem päpstlichen Schatzmeister Minale blieben Folter und Haft nicht erspart.

Sein Arrest dauerte jedoch nicht lange, da er schon nach zwei Wochen den Folgen der Tortur erlag. Pius V. rächte Paul IV. dadurch, daß er den Dichter Niccolò Franco wegen einer Schmähschrift auf dessen Pontifikat hinrichten ließ.

In das erste Regierungsjahr Gregors XIII. (1572–1585) fiel die sogenannte Pariser Bluthochzeit in der Nacht vom 23. auf den 24. September – wegen des an diesem Tag gefeierten Heiligen auch Bartholomäusnacht geheißen. Auch wenn der Mord an einigen tausend Hugenotten ohne Wissen des Papstes und der römischen Inquisition geschehen war, herrschte doch in Rom große Freude über den Sieg der katholischen Sache. Der Papst ließ ein Te Deum singen und begab sich zu einem Dankgottesdienst in die französische Nationalkirche.

Der Franziskaner Felice Peretti, ein eifriger Mitarbeiter des *Sanctum Officium*, ließ als Papst Sixtus V. (1585–1590) auch in den größeren Städten des Kirchenstaates Inquisitionstribunale einrichten. Der Palast der römischen Inquisition wurde um einen Anbau mit Gefängniszellen erweitert. Bei einem ersten Autodafé vor der Kirche S. Maria sopra Minerva im August 1587 übergab man vier von zwölf Verurteilten der weltlichen Macht zur Ausführung der festgesetzten Strafe. Bei den Angeklagten handelte es sich nur in wenigen Fällen um wirkliche Häretiker; denn jetzt boten auch Vergehen wie Homosexualität, Hexenglaube oder Ungehorsam gegenüber der kirchlichen Obrigkeit Grund genug zur Denunziation.

Unter Papst Clemens VIII. (1592–1605) ereignete sich der „Fall" des Dominikaners Giordano Bruno, den vor allem seine philosophischen Schriften bekannt gemacht haben. Durch Flucht aus seinem Heimatkloster Nola konnte er sich frühzeitig einer ersten Verhaftung entziehen. Sein unstetes Leben führte ihn durch einige Länder außerhalb Italiens. Am Ende wurde ihm Venedig zum Verhängnis. Eine bis heute nicht ganz geklärte Anzeige führte zu seiner Auslieferung nach Rom. Es gab kaum einen dogmatischen Irrtum, den ihm die Inquisition nicht zur Last gelegt hätte: von der Leugnung der Göttlichkeit Jesu Christi bis zur Ablehnung der Hölle. Den sicheren Tod vor Augen, schwankte Bruno zwischen Eingeständnis und Widerruf. Im Jahre 1600 endlich wurde er als Häretiker verurteilt und an die weltliche Obrigkeit ausgeliefert. Vor Verkündung des Urteils soll Bruno dem Richter die stolzen Worte ins Gesicht geschleudert haben: „Ihr fällt das Urteil über mich mit größerer Angst, als ich sie bei seiner Verkündung habe." Noch heute erinnert auf dem Campo dei Fiori in Rom eine den ganzen Platz überragende Statue des Giordano Bruno an den Feuertod, den er hier erleiden mußte.

Der Prozeß gegen den Theologen und Naturphilosophen Bruno bildete den Auftakt zu einer Reihe weiterer Verfahren, bei denen päpstliche Inquisitoren auch schon geringe Verstöße gegen traditionelle Lehrmeinungen mit strengen Strafen ahndeten. Besonders spektakulär und auch auf lange Sicht verhängnisvoll war der Prozeß gegen den Mathematiker und Astronomen Galileo Galilei (1564–1642). Galilei bezweifelte in der Tat, wie schon der Domherr Nikolaus Kopernikus († 1543), dessen Bücher unter Paul V. auf den Index der verbotenen Schriften gesetzt worden waren, die aristotelisch-scholastische Kosmologie, nach der die Erde im Mittelpunkt der ganzen Schöpfung steht, und bejahte im offensichtlichen Widerspruch zu den Aussagen der Bibel das heliozentrische System. Deshalb wurde er vor die Inquisition in Rom zitiert, mehrmals verhört, mit der Folter bedroht und am Ende als Irrgläubiger verurteilt. Weil Galilei aber ein treuer Katholik sein und bleiben wollte, mußte er seinem „Irrtum" mit einem heiligen Eid abschwören: „Ich, Galileo, Sohn des Vinzenz Galilei aus Florenz, siebzig Jahre alt, stand persönlich vor Gericht und ich knie vor Euch Eminenzen, die Ihr in der ganzen Christenheit die Inquisitoren gegen die ketzerische Verworfenheit seid. Ich habe vor mir die heiligen Evangelien, berühre sie mit der Hand und schwöre, daß ich immer geglaubt habe, auch jetzt glaube und mit Gottes Hilfe auch in Zukunft glauben werde, alles was die heilige katholische und apostolische Kirche für wahr hält, predigt und lehrt. Es war mir von diesem Heiligen Offizium von Rechts wegen die Vorschrift auferlegt worden, daß ich völlig die falsche Meinung aufgeben müsse, daß die Sonne der Mittelpunkt der Welt ist, und daß sie sich nicht bewegt, und daß die Erde nicht der Mittelpunkt der Welt ist, und daß sie sich bewegt. Es war mir weiter befohlen worden, daß ich diese falsche Lehre nicht vertreten dürfe, sie nicht verteidigen dürfe und daß ich sie in keiner Weise lehren dürfe, weder in Wort noch in Schrift. Es war mir auch erklärt worden, daß jene Lehre der Heiligen Schrift zuwider sei. Trotzdem habe ich ein Buch geschrieben und zum Druck gebracht, in dem ich jene bereits verurteilte Lehre behandele und in dem ich mit viel Geschick Gründe zugunsten derselben beibringe, ohne jedoch zu irgendeiner Entscheidung zu gelangen. Daher bin ich der Ketzerei in hohem Maße verdächtig befunden worden, darin bestehend, daß ich die Meinung vertreten und geglaubt habe, daß die Sonne Mittelpunkt der Welt und unbeweglich ist, und daß die Erde nicht Mittelpunkt ist und sich bewegt. Ich möchte mich nun vor Euren Eminenzen und vor jedem gläubigen Christen von jenem schweren Verdacht, den ich gerade näher bezeichnete, reinigen. Daher schwöre ich mit aufrichtigem Sinn und ohne Heuchelei ab, verwünsche und verfluche jene Irrtümer und Ketzereien und darüber hinaus ganz allgemein jeden irgendwie gearteten Irrtum, Ketzerei oder Sektiererei, die der Heiligen Kirche entgegen ist. Ich schwöre, daß ich in Zukunft weder in Wort noch in Schrift etwas verkünden werde, das mich in einen solchen Verdacht bringen könnte. Wenn ich aber einen Ketzer kenne, oder jemanden der Ketzerei verdächtig weiß, so werde ich ihn diesem Heiligen Offizium anzeigen oder ihn dem Inquisitor meines Aufenthaltsortes angeben. [...] Rom im Kloster der Minerva am 22. Juni 1633. Ich, Galileo Galilei, habe abgeschworen und eigenhändig unterzeichnet."

In römischen Kirchenkreisen herrschte alles andere als eitle Freude über das Urteil und den erzwungenen Widerruf. Auch Papst Urban VIII., als Kardinal einst ein großer Gönner Galileis, konnte über die Verurteilung des Naturwissenschaftlers keine Genugtuung empfinden. Er selbst war es, der Galilei im Jahre 1624 aufgefordert hatte, alle Argumente für und gegen das Kopernikanische System in einer Schrift zusammenzufassen. Das Manuskript durfte sogar gedruckt werden. Doch bald setzten Intrigen der Römischen Kurie ein. Denunziationen taten ihre zusätzliche Wirkung. Und nachdem Galilei seinen „Irrtum" eingestanden hatte, blieb auch Urban VIII. nichts anderes übrig, als die von der Inquisition beschlossene Strafe auszusprechen. Er tat dies freilich mit größtmöglicher Schonung des Gelehrten, den er immer noch, wenn auch heimlich, bewunderte. Es war schon ein Entgegenkommen, daß Galilei die Gefängnisstrafe nicht im Kerker der Inquisition, sondern im Palazzo Medici in Rom verbüßen durfte. Und wenig später wurde ihm gestattet – eine weitere Vergünstigung –, im Palast des Erzbischofs Piccolomini von Siena Wohnung zu nehmen. Das dritte Privileg bestand schließlich darin, daß der Papst Galileis Bitte, auf seinen Landsitz in Arcetri bei Florenz zurückkehren und dort in aller Zurückgezogenheit seinen Lebensabend verbringen zu dürfen, erfüllte. Galileis viel zitierter Ausspruch „Und sie [die Erde] bewegt sich doch!" ist historisch nicht nachzuweisen. Seine Werke wurden erst 1835 aus dem *Index librorum prohibitorum* gestrichen. Eine offizielle Rehabilitation steht heute noch aus.

In theologischer Hinsicht ist der Fall Galilei von prinzipieller Bedeutung. Die zuständigen Prälaten der Kurie in Rom entschlossen sich damals zu der rigorosen Lösung, weil sie fürchteten, der Naturwissenschaftler Galilei würde, wenn man ihn ungestraft gewähren ließe, am Glaubensfundament der Kirche rütteln und es vielleicht gar zum Einsturz bringen. Zu diesem Lehrgebäude gehörten nach damaligem Verständnis nicht nur aus der Bibel gewonnene Glaubenswahrheiten, sondern ebenso die aus vorchristlich-antiker Zeit stammende Kosmologie, an der man das ganze Mittelalter hindurch unbeirrt festhielt. Erste Zweifel hatte im 15. Jahrhundert der als Philosoph und Theologe gleichermaßen hervorragende Kardinal Nikolaus von Kues († 1464) geäußert.

Für die Organe der Römischen Kurie stand bei diesem Konflikt zwischen Glaube und Wissen die Autorität der Kirche, insbesondere des päpstlichen Lehramtes, auf dem Spiel. Bei einem Verzicht auf das bisher für richtig und wahr gehaltene Weltsystem des Ptolemäus und bei der Übernahme der von Kopernikus vorgestellten und von Galilei noch ohne den letzten schlüssigen Beweis verteidigten Heliozentrik befürchteten sie nämlich einen ungeheuren Verlust ihres Ansehens. Folglich zog man im Namen des Glaubens und mit Berufung auf die Heilige Schrift der wissenschaftlichen Forschung enge Grenzen, die zu überschreiten für einen Gelehrten, wie das Beispiel Galilei zeigt, schlimme Konsequenzen haben konnte.

Zu diesem bedauerlichen Zusammenstoß von Theologie und Naturwissenschaft mußte es kommen – und dies auch noch lange nach Galilei –, weil der seinen wissenschaftlichen Methoden verpflichtete Gelehrte auf kirchentheologischem Feld kein Existenzrecht, konkret kein Forschungsrecht beanspruchen konnte. Manche Kirchenapologeten möchten die bis heute nachwirkenden negativen Erscheinungen des von römischen Kirchenbehörden verschuldeten Galilei-Falles der Aufklärungsepoche mit ihrem glaubensfeindlichen Rationalismus zur Last legen. In Wirklichkeit aber hatte sich die oberste Kirchenautorität selbst zum Feind der Wissenschaft gemacht. Der Jesuit Rupert Lay, erst kürzlich wegen Häresieverdachts seines Postens als Fundamentaltheologe an der Jeusitenhochschule St. Georgen (Frankfurt) – ein jüngster Fall Galilei? – enthoben, formulierte die Misere treffend: „Seit 1633 sind für viele Naturwissenschaftler Theologie und Kirche, Religion und Glaube eine Sache, über die es sich nicht mehr lohnt zu diskutieren."

Die Untersuchungen der von Papst Johannes Paul II. eingesetzten Kommission führten noch immer nicht zu einer Annullierung des Prozeßurteils von 1633. Ob es überhaupt einer Rehabilitierung Galileis bedarf? Darauf gab Rupert Lay die einzig richtige Antwort: „Galilei wurde durch die Geschichte rehabilitiert. Er bedarf der Rehabilitation durch die Kirche nicht. Eine höhere Instanz hat geurteilt: Der Geist der Geschichte der Menschheit wie des Christentums. Und diesen Geist nennen wir den Heiligen. Man sollte ihm gegenüber nicht das letzte Wort haben wollen."

XII. Ultramontanismus und Unfehlbarkeit

Im 17. Jahrhundert erstanden dem Papsttum, ja der Kirche allgemein drei mächtige Gegner mit unterschiedlichen Ausgangspunkten und Zielsetzungen: auf kirchenpolitischem Gebiet der Fürsten- oder Staatsabsolutismus, im Bereich der Philosophie die sogenannte Aufklärung und in theologischer Hinsicht der Jansenismus, eine auf Augustinus zurückgreifende theologische Bewegung, deren Hauptlehren die Gnadenwahl Gottes und die Sündhaftigkeit des Menschen waren und die sich durch Weltverneinung, Bußübungen und Kunstfeindschaft auszeichnete. So verschieden ihre Interessen auch waren, letztlich trug jeder dieser drei Kontrahenten auf seine Weise dazu bei, daß das Ancien régime, das heißt die mittelalterliche Verbindung von Thron und Altar, in den Kämpfen der 1789 in Frankreich einsetzenden Revolution für immer unterging.

Aufsehen erregte in dem noch nicht vereinigten Italien eine Synode, die Bischof Scipione de' Ricci, ein Anhänger des Jansenismus, 1786 in seiner Bischofsstadt Pistoia veranstaltete, um das 85 Artikel umfassende Memorandum des Großherzogs Leopold I. von Toskana – des jüngeren Bruders von Kaiser Joseph II. und dessen Nachfolger als Kaiser Leopold II. – über die Erneuerung der kirchlichen Ordnung zu beraten und die nötigen Beschlüsse zu fassen. Die Teilnehmer mußten Jahre später erleben, daß Pius VI. mit der Konstitution *Auctorem fidei* vom 28. August 1794 nicht weniger als 57 ihrer Lehrsätze als Irrlehren verurteilte. Dabei handelte es sich nicht nur um Probleme des Glaubens, sondern auch um Fragen des Kultes, des Ordenslebens und der Abhaltung von Synoden. Den Synodalen stand in wesentlichen Punkten die Urkirche als nachahmenswertes Ideal vor Augen. Die Unfehlbarkeit der Kirche sahen sie nicht im Papsttum, sondern in der Gesamtheit der Gläubigen. Und auch die Jurisdiktion der Bischöfe leiteten sie nicht vom Papst, sondern direkt von Jesus her. Wenig später distanzierte sich die italienische Gesamtsynode in Florenz (1787) von diesen meist jansenistischen bzw. gallikanischen Thesen. Bischof Ricci wurde gezwungen, sein Bischofsamt aufzugeben, unterwarf sich dem Urteil aber erst kurz vor seinem Tod.

Die insgesamt fast ein halbes Jahrhundert lang regierenden Päpste Pius VI. (1775-1799) und Pius VII. (1800-1823) mußten sich schwere Demütigungen gefallen lassen. Das letzte Stündlein des Papsttums schien gekommen zu sein. Pius VI. starb 1799, von den Franzosen aus Rom verschleppt, im Exil zu Valence. Pius VII. durfte Napoleon Bonaparte zwar vor der Kaiserkrönung salben, die Krone aber setzte sich der eigenmächtige Korse selbst aufs Haupt. Bereits in jungen Jahren hegte Napoleon eine tiefe Abneigung gegen den Klerus. Später vermochte er in den Priestern nur noch Feinde der Nation zu sehen. Von einer kirchlichen Einsegnung seiner Ehe mit Josephine wollte er nichts wissen. Vom General zum Ersten Konsul und 1803 schließlich zum Kaiser von Frankreich aufgestiegen, bediente Napoleon I. sich der Kirche und der Religion nur, wenn er sich davon politischen oder gesellschaftlichen Nutzen versprach. So ist es zu verstehen, daß er mit dem Papst ein Konkordat schloß, in Paris ein Nationalkonzil veranstaltete und nach siegreichen Schlachten ein Te Deum singen ließ. Für seinen religiösen Utilitarismus fand er einmal die treffenden Worte: „Ich wurde zum Katholiken, weil ich den Krieg in der Vendée beendete. Als Muselmane baute ich meine Stellung in Ägypten auf, als Ultramontaner gewann ich die Geister in Italien. Und müßte ich das jüdische Volk regieren, würde ich den Tempel Salomons wiederherstellen."

In dem zwischen Pius VII. und Napoleon geschlossenen Konkordat (1801) gab die Kirche bis dahin hartnäckig verteidigte Positionen preis, indem sie die Gleichberechtigung der Konfessionen, den Abschluß der Zivilehe, die Ernennung der Bischöfe durch das Staatsoberhaupt und die Enteignung der Kirchengüter hinnahm. Besonders schwer fiel es dem Papst, zu der von Napoleon geforderten Absetzung aller Bischöfe seine Zustimmung zu geben. Eine weitere Schwächung kirchlicher Rechte und Pivilegien erreichte Napoleon mit den 77 „Organischen Artikeln" (1802), die in wesentlichen Aussagen die alten gallikanischen Freiheiten widerspiegeln.

Wie auf die Revolution Napoleon gefolgt war, der kurzum erklärte: „La revolution est fini", so endete die napoleonische Ära mit dem Wiener Kongreß (1814/15), der eine politische Restauration einleitete. Sogar der seit einigen Jahren untergegangene Kirchenstaat konnte noch einmal aufleben. Das Papsttum gewann früheres Ansehen zurück, nicht zuletzt deshalb, weil es sich als Garant der Legitimität und der Tradition und vor allem als „Opfer" Napoleons bewährt hatte.

Nun begann eine neue Epoche, die man mit „Ultramontanismus" überschreiben könnte. Dieser Ausdruck bezeichnet heute noch eine bestimmte Haltung von katholischen Gläubigen, die von nördlich der Alpen gelegenen Ländern aus nach Süden schauen, jenseits der Berge *(ultra montes)*, um vom Papst in Rom Antwort zu erhalten auf fast alle Fragen, die den Glauben oder die Sitten betreffen (Papalismus). Ausgesprochene Ultramontanisten stimmen für eine absolutistische Stellung des Papsttums, wie sie das 1. Vatikanische Konzil (1869/70) mit den Aussagen über den Iurisdiktionsprimat des Papstes und die Unfehlbarkeit des päpstlichen Lehramtes zum Dogma erhoben hat. Spätestens von da an waren staats- und nationalkirchliche Verfassungsformen wie der Gallikanismus in Frankreich, der Febronianismus in Deutschland und der Josephinismus in Österreich als kirchenfeindlich, ja sogar als glaubensfeindlich gebrandmarkt.

Dichter und Denker der Romantik schufen eine Mentalität, die dem Papsttum wohlgesonnen war. Novalis († 1801), bedeutendster Dichter der Frühromantik, sah das Heil in einer „dauerhaften Kirche, die alle nach dem Überirdischen durstigen Seelen in ihrem Schoß aufnimmt und das alte Füllhorn des Segens wieder über die Völker ausgießt." Der Philosoph Friedrich Schlegel († 1829) stellte ein enges Zusammenwirken von Kaiser und Papst als Ideal auf. Der Politiker François René de Chateaubriand († 1848) rühmte das Christentum als eine Religion, die allen anderen Religionen weit überlegen sei, und der Staatsphilosoph Joseph Marie de Maistre († 1821) wurde mit seinem Buch *Du pape* (1819) zum einflußreichsten Theoretiker der päpstlichen Unfehlbarkeit. Für ihn mußte jede Regierung, ob weltlich oder kirchlich, monarchisch und absolut beschaffen sein: „Das Christentum beruht gänzlich auf der Souveränität des Papstes. Man kann deshalb als Prinzip der politischen und sozialen Ordnung – zu dessen hervorragender Vertretung Frankreich durch die Vorsehung berufen ist – die folgende Kette von Vernunftschlüssen aufstellen: Es gibt weder eine öffentliche Moral noch einen nationalen Charakter ohne Religion, – es gibt in Europa keine Religion ohne Christentum, – es gibt kein Christentum ohne Katholizismus, – es gibt keinen Katholizismus ohne Papst, – es gibt keinen Papst ohne den ihm zukommenden unbedingten Vorrang *(suprématie).*"

Konservative Kräfte gewannen auch in der Theologie die Oberhand. Der Kamaldulenser Mauro Cappellari publizierte 1799 in Venedig ein Buch, das den stolzen Titel trägt: *Il trionfo della Santa Sede e della Chiesa contro gli assalti dei Novatori* („Der Triumph des Hl. Stuhls und der Kirche gegen die Anfeindungen der Neuerer"). Nach Capellaris Überzeugung ist es leichter, die Sonne zu zerstören als die Kirche und ihr Papsttum. Dieser kirchlich wie auch politisch äußerst reaktionär eingestellte Mönch Mauro wurde 1826 zum Kardinal ernannt und 1831 zum Papst gewählt. Als Oberhaupt der Kirche trug er den Namen Gregor XVI. In seiner ersten Enzyklika *Mirari vos* (1832) verurteilte Gregor nicht nur glaubensfeindliche Systeme wie Rationalismus und Indifferentismus, sondern verdammte auch alle modernen Freiheiten. Selbst die Freiheit des Gewissens erschien ihm als „ein ganz verderblicher Irrtum", ja als „Wahnsinn". Die Hauptschuld daran trage die sich immer weiter ausbreitende, für Kirche und Staat gleichermaßen gefährliche Meinungsfreiheit. Die Ansicht, daß aus dieser Freiheit ein Nutzen für die Religion entstehen könne, wies der Papst als „höchste Unverschämtheit" zurück. Ebenso scharf verwarf er die Trennung von Kirche und Staat, die uneingeschränkte Verbreitung von Büchern und besonders jegliche Auflehnung gegen die legitime Obrigkeit.

Und so ging es weiter unter seinem Nachfolger Pius IX. (1846–1878). „Das ganze 19. Jahrhundert ist voll von falschen, irrigen, heute sogar peinlichen Äußerungen der Päpste über Demokratie, Gewissensfreiheit, Pressefreiheit und Menschenrechte" (Hans Maier). Die Päpste lehnten es ab, daß man die verschiedenen Religionen innerhalb eines Staates auf dieselbe Stufe stellte. Nach ihrer Überzeugung sollte der katholische Glaube als der einzig wahre angesehen und behandelt werden. Sie dachten und taten ganz so, als lebten sie noch im 15. Jahrhundert. Damals hatte das Allgemeine Konzil von Florenz in der Unionsbulle *Cantate Domino* (4. 2. 1442) von den koptischen und äthiopischen Christen ein Dekret zu unterschreiben verlangt, das folgende Sätze enthielt: „Sie [die heilige römische Kirche] glaubt fest, bekennt und verkündet, daß niemand, der sich außerhalb der katholischen Kirche befindet, also nicht nur keine Heiden, sondern auch keine Juden oder Häretiker oder Schismatiker, des ewigen Lebens teilhaft werden können, sondern daß sie in das ewige Feuer wandern werden, das dem Teufel und seinen Engeln bereitet ist, wenn sie sich nicht vor dem Lebensende ihr angeschlossen haben."

Nachdem Kardinal Giovanni Maria Mastai-Ferretti 1846 zum Papst (Pius IX.) gewählt worden war, schien es zunächst so, als ob der streng konservative Kurs Gregors XVI. zu Ende wäre und die katholische Kirche einer liberaleren Zeit entgegengehen könnte. Tatsächlich kam es schon bald zu einigen Reformen im Kirchenstaat: Amnestie von politischen Gefangenen, Einführung einer beratenden Laienvertretung, Bau von Eisenbahnen usw. Doch von 1848 an wurde immer klarer, daß dieser Papst sich nicht an die Spitze eines italienischen Staatenbundes (gegen Österreich) stellen würde. Als er im November 1848 gar verkleidet nach Gaeta im Königreich Neapel fliehen mußte, um der Gefangennahme zu entgehen, wandelte sich der Papst vollends von einem aufgeschlossenen Zeitgenossen zu einem unnachgiebigen Kirchenmann. Aus dem absolutistisch regierten Kirchenstaat wurde für kurze Zeit eine Römische Republik, doch im Jahre 1851 konnte Pius IX. wieder nach Rom zurückkehren. Der Kirchenstaat war jetzt dank Louis Napoléon wieder päpstliches Herrschaftsgebiet, das allerdings im Zuge der ersten Phase der nationalen Einigung Italiens (1859–61) zu einem kläglichen Rest zusammenschrumpfte. Des Papstes Protestruf „Ein sakrilegischer Raub!" verhallte wirkungslos.

Theologen, die sich mit den Ideen der Aufklärung, speziell mit dem Problem, wie Glaube und Wissen vereinbart werden könnten, auseinandersetzten, verfielen schnell der Exkommunikation, so der Bonner Theologe Georg Hermes († 1831), der Wiener Privatgelehrte und Priester Anton Günther († 1863), der Münchener Priester-Philosoph Frohschammer († 1893). Nicht anders erging es Louis Bautain († 1867), der eine Lösung im Sinn des Fideismus oder Traditionalismus suchte.

Eine Art Mittlerstellung nahm die Tübinger Schule ein, an ihrer Spitze Johann Adam Möhler († 1838). Ihr schroff gegenüber standen die Römische Schule, angeführt von Carlo Passaglia und Clemens Schrader, mit einer betont scholastischen Theologie, und der Mainzer Kreis mit dem Organ *Der Katholik* sowie der überaus produktive Kölner Dogmatiker Josef Scheeben († 1888) als nimmermüder Einzelkämpfer.

Unter den Kirchenhistorikern spielte neben dem Tübinger Hermann Josef Hefele († 1893), dem späteren Bischof von Rottenburg, der Münchener Ignaz von Döllinger († 1890) eine Hauptrolle. Sie vertraten die Auffassung, auch die Glaubenswahrheiten sollten mit der biblisch-historischen Methode überprüft werden. Nach Döllingers Meinung besitzt die Theologie zwei Augen: ein historisches und ein philosophisches. Wer das Glaubensgut mit diesen beiden Augen betrachte, sei am besten imstande, Konfliktsfälle zwischen Glauben und Wissen zu bewältigen. Es ist deshalb nicht verwunderlich, daß beide Theologen, der Bischof ebenso wie der Kirchenhistoriker, wegen der vom 1. Vatikanischen Konzil dogmatisierten Aussagen über die höchste Lehr- und Regierungsgewalt des Papstes (vgl. Kap. XIII) in schwere Gewissenskonflikte gerieten.

XIII. Die „Pianische Epoche"

Die Papstgeschichte kennt zwölf Päpste mit dem Namen Pius. Die Pontifikate der vier letzten Pius-Päpste – Pius IX. (1846–1878), Pius X. (1903–1914), Pius XI. (1922–1939) und Pius XII. (1939–1958) – werden zusammengenommen auch als „Pianische Epoche" bezeichnet, um zum Ausdruck zu bringen, daß diese Summi Pontifices, ungeachtet aller Unterschiede im Charakter, im theologischen Format und im Regierungsstil, die Wahrung der kirchlichen Tradition als eine ihrer vordringlichsten Pflichten ansahen. In der Tat zeugen die lehramtlichen Verlautbarungen aus dieser Zeit unverkennbar von einer neuscholastischen Theologie, die in den Dogmen über den Jurisdiktions- und Lehrprimat des Papstes ihre Krönung erreicht hat.

Die vielfältigen Traditionen der römisch-katholischen Kirche ließen sich dann am besten aufrechterhalten, wenn eine zentrale Institution wie das Papsttum den genauen Kurs vorgab und mit entsprechenden Maßnahmen und Gesetzen für dessen Einhaltung sorgte. Die Ermächtigung dazu, daß der Papst die höchste Gewalt in der Kirche besitzt und somit berechtigt ist, in allen Diözesen der Welt unmittelbar einzugreifen, ging vom 1. Vatikanischen Konzil (1869–1870) aus. Dieses Konzil definierte neben der lehrmäßigen Unfehlbarkeit des Papstes den vor allem bei der Leitung der Kirche wirkungsvollen Rechtsprimat des römischen Bischofs mit kasuistischer Genauigkeit: „Wer also sagt, der römische Bischof habe nur das Amt einer Aufsicht oder Leitung und nicht die volle und oberste Gewalt der Rechtsbefugnis über die ganze Kirche – und zwar nicht nur in Sachen des Glaubens und der Sitten, sondern auch in dem, was zur Ordnung und Regierung der über den ganzen Erdkreis verbreiteten Kirche gehört –; oder wer sagt, er habe nur einen größeren Anteil, nicht aber die ganze Fülle dieser höchsten Gewalt, oder diese seine Gewalt sei nicht ordentlich und unmittelbar, ebenso über die gesamten und die einzelnen Kirchen wie über die gesamten und einzelnen Hirten und Gläubigen, der sei ausgeschlossen."

Es geht dabei nicht um eine bloße Verfassungsfrage, wie in der Folgezeit immer wieder beschwichtigend betont wurde, sondern um einen wichtigen Bestandteil des Glaubens; denn es heißt ausdrücklich, daß die römische Kirche „die Hirten und Gläubigen jeglichen Ritus und Ranges zu hierarchischer Unterordnung und wahrem Gehorsam verpflichtet, nicht nur in Angelegenheiten, die den Glauben und die Sitten, sondern auch in solchen, die die Disziplin und Leitung der auf dem ganzen Erdkreis verbreiteten Kirche betreffen". Wer von dieser Lehre abweiche, schade seinem Glauben und seinem ewigen Heil und sei überdies von der Kirche ausgeschlossen.

Aus der Kirchengeschichte wissen wir, daß die lateinische Kirche im Hochmittelalter, namentlich unter den machtvollen Päpsten Gregor VII., Innozenz III. und Bonifaz VIII., ihr Gesicht entweder ganz verloren oder ein Janusgesicht angenommen hat, das auf der einen Seite biblisch-jesuanische und auf der anderen kirchlich-papalistische Züge trägt. Das 1. Vatikanische Konzil ließ mit den Dogmen vom Jurisdiktionsprimat des Papstes und von der Unfehlbarkeit des päpstlichen Lehramtes das ursprüngliche Jesusantlitz nahezu ganz verblassen und stellte dafür das Porträt des omnipotenten Papstes in hellstes Licht.

Der berühmte Münchener Kirchenhistoriker Ignaz von Döllinger (1799–1890) hatte schon im Vorfeld und auch während des Konzils in weiser Voraussicht der bei dieser Versammlung verabschiedeten Glaubenssätze inständig vor jeder absolutistischen Fixierung der obersten Kirchenleitung gewarnt. Er lehnte auch nach dem Konzil die beiden Dogmen konsequent ab, da sie aus der alten Kirche „eine neue Kirche" gemacht hätten, und wurde deshalb vom Münchener Erzbischof Gregor von Scherr mit der Exkommunikation bestraft. Wie hellsichtig Döllinger geurteilt hatte, bestätigte in unseren Tagen der Schweizer Theologe Hans Urs von Balthasar – wenige Tage vor seinem Tod (1988) noch zum Kardinal ernannt – mit der Meinung, die Geschichte der Kirche scheine spätestens mit dem 1. Vatikanum in „eine auswegslose Sackgasse" geraten zu sein.

Papst Leo XIII. (1878–1903) sah in der Scholastik, die sich im Werk des Thomas von Aquin († 1274) glänzend repräsentierte, die lehrmäßige Grundlage für alle Zeiten und plädierte deshalb für eine Restauration der scholastischen Theologie, bekannt als Neuscholastik. Bereits als Bischof von Perugia hatte er mit der Gründung der Akademie des hl. Thomas seine Vorliebe für das theologische System dieses gelehrten Dominikaners bekundet. Als Papst empfahl er in der Enzyklika *Aeterni Patris* (1879) „die goldene Weisheit des heiligen Thomas". Wenig später gründete er in Rom eine Akademie zur Erforschung des Thomismus und ernannte Thomas zum Patron aller katholischen Schulen.

Unter dem Pontifikat Pius' X. gewannen konservative Kräfte derart stark die Oberhand, daß viele Katholiken einem Ghettokatholizismus verfielen, der eine alles Moderne ablehnende Subkultur hervorbrachte. Diese verhängnisvolle Entwicklung vermochte Papst Benedikt XV. (1914–1922), dessen Friedensappelle inmitten des Weltkrieges unbeachtet blieben, nur einen Augenblick lang aufzuhalten. Sein Nachfolger Pius XI. nutzte die Gelegenheit, um das gestörte Verhältnis der Kirche zu einzelnen Staaten auf dem Weg von Konkordaten wieder erträglicher zu gestalten. Wie schwer es aber fiel, das Programm einer christlichen Staats- und Gesellschaftsordnung unter den gewandelten Verhältnissen zu verwirklichen, mußte er bei den Verhandlungen mit extremen nationalistischen Bewegungen wie dem Faschismus in Italien und dem Nationalsozialismus in Deutschland schmerzlich erfahren. Daß mit diesen Regimen Verträge überhaupt geschlossen werden konnten, geschah auf Seiten der kirchlichen Partner um den Preis allzu großen Vertrauens.

Pius XI., der erste Gelehrte auf dem Papststuhl seit Benedikt XIV. (1740–58), suchte die fortschreitende Entkirchlichung und den verderblichen Einfluß totalitärer Massenbewegungen mit Hilfe der 1925 ins Leben gerufenen „Katholischen Aktion" aufzuhalten. Die Laien sollten unter Führung des Klerus den katholischen Glauben propagieren und dadurch das Reich Christi auf Erden verbreiten. Pius XII.

setzte 1953 dem in Frankreich und Belgien gestarteten Experiment der Arbeiterpriester ein Ende. In den oberen Kreisen der Hierarchie ging die Angst um, die mittelalterliche Vorstellung von der Kirche als einer „geordneten Schlachtreihe" *(acies ordinata)* oder einer „vollkommenen Gesellschaft" *(societas perfecta)* könnte durch eine zu starke Annäherung an die profane Welt beeinträchtigt werden. Im Vatikan drang man auf eine geschlossene Theologie, festgelegt in Enzykliken der Päpste und Instruktionen römischer Kongregationen.

Bei Pius XII., einem Sproß der römischen Adelsfamilie Pacelli, weiß man nicht, was mehr hervorzuheben ist: seine imposante Erscheinung, sein immenser Arbeitseifer, seine theologische Bildung, seine nüchterne Sachlichkeit oder sein diplomatisches Geschick. In seiner Brust verbanden sich persönliche Frömmigkeit und doktrinäre Selbstsicherheit. Auf der einen Seite war Pius XII. ein eifriger Verehrer der Gottesmutter Maria – 1942 weihte er die ganze Welt dem Unbefleckten Herzen Mariens, und 1950 erklärte er die leibliche Aufnahme Mariens in den Himmel zum Dogma –, und auf der anderen Seite billigte er harte Maßnahmen gegen andersdenkende Theologen. In der Enzyklika *Mystici corporis* (1943) entfaltete Pius XII. die Kirche als eine transzendente, bereits himmlische Wirklichkeit, als den mystischen Leib Christi. Dementsprechend verstand er auch sein hohes Amt als Stellvertreter Gottes auf Erden. „Als autoritäre Persönlichkeit hat er die Kirche zentralistisch (und seit 1944 ohne Staatssekretär) geleitet" (R. Leiber). Neuen philosophischen Ansichten, die am Fundament der katholischen Glaubensdoktrin rüttelten, trat er vor allem mit der Enzyklika *Humani generis* (1950) entgegen. Vatikanische Behörden verfolgten die Bestrebungen der sogenannten Nouvelle Théologie (H. de Lubac, Y. Congar, M.-D. Chenu, P. Teilhard de Chardin u.a.) mit Mißtrauen. Die Theologen sollten ihre Hauptaufgabe darin sehen, all das zu erklären und zu beweisen, was vom höchsten kirchlichen Lehramt ausgegeben wird. Der Dominikaner Yves Congar beschrieb das mittelalterliche Kirchenmodell, das Pius XII. während seines fast zwanzig Jahre währenden Pontifikats propagierte, mit den treffenden Worten: „Ein kohärentes System festgeprägter theologischer Normen, in den Enzykliken und päpstlichen Ansprachen niedergelegt, von Autoritätsstrukturen und Sanktionen untermauert, letztlich sehr traditioneller Ausprägung." Negative Kritik provoziert heute noch die zögerliche Haltung des Pacelli-Papstes gegenüber dem Nationalsozialismus, speziell sein Schweigen angesichts des millionenfachen Mordes am jüdischen Volk.

Der auf Pius XII. folgende Johannes XXIII. (1958–1963), wegen seines hohen Alters als Übergangspapst angesehen, gilt gemeinhin als moderner Kirchenfürst. Streift man aber den Mythos des Modernen, der sich mit seiner Person verbindet, ab, wird ein zutiefst konservativer Pontifex Maximus sichtbar. Dies gilt in erster Linie für seine persönliche Frömmigkeit, wie sein *Geistliches Tagebuch* deutlich beweist. Auch die Beschlüsse der von ihm durchgeführten römischen Synode (1960) lassen keinerlei Bruch mit Vorstellungen seiner Vorgänger ahnen. Erst das 2. Vatikanische Konzil (1962–1965), das Johannes XXIII. schon bald nach seiner Wahl ankündigte und dessen 1. Periode der achtzigjährige Papst noch selbst erlebte, sollte die römisch-katholische Kirche auf neue, ungeahnte Wege führen. Hier liegt das große, in die Zukunft weisende Verdienst dieses „altmodischen" Papstes. Daß mit dem Konzilsereignis eine neue Epoche in der Geschichte des Papsttums beginnen sollte, gab Monsignore Tondini in seiner Rede vor den Teilnehmern des Konklave nach dem Tod Johannes' XXIII. klar zu erkennen. Seine warnenden Worte enthielten allerdings eine klare Absage an das Werk des „guten Papstes" und zugleich einen ernsten Appell, das schädliche Intermezzo des Johannes-Pontifikats so schnell wie möglich zu vergessen und zum Programm der Pius-Päpste zurückzukehren.

XIV. Der Kampf gegen den Modernismus

Am Ende des 19. und zu Beginn des 20. Jahrhunderts unternahmen Theologen immer wieder Versuche, die wachsende Kluft zwischen den Lehren der Kirche und den Erkenntnissen moderner Wissenschaften zu überbrücken. Letztlich wollten sie die gesamte Theologie mit der historisch-kritischen Methode einer grundlegenden Revision unterziehen und auch das kirchlich-religiöse Leben entsprechend den modernen Verhältnissen gestalten. Dies alles ließ sich freilich nicht ohne Relativierung einzelner Glaubenssätze und nicht ohne Änderung mancher Lebensformen verwirklichen. Im Vordergrund theologischer Überlegungen standen Aspekte des „Lebens" und der „religiösen Erfahrung". Das Hauptproblem jedoch lautete, ob man Glaube, Dogma und Kirche mit Geschichtlichkeit in Verbindung bringen dürfe. Theologen, die solche Fragen stellten und deshalb schnell als Modernisten verunglimpft wurden, wollten eine namentlich seit der Aufklärung gepflegte Ghettomentalität überwinden und den wissenschaftlichen Herausforderungen der Zeit nicht länger ausweichen.

Papst Leo XIII. (1878–1903) stand Erneuerungsversuchen bis auf die letzten Jahre seines langen Pontifikats – 1899 verurteilte er den dem Modernismus verwandten „Amerikanismus" – eher abwartend gegenüber. Dagegen faßte sein Nachfolger Pius X. (1903–1914), der erst zum Papst gewählt wurde, nachdem der österreichische Kaiser Franz Joseph I. von seinem Vetorecht gegen den aussichtsreichsten Kandidaten, den franzosenfreundlichen Kardinal Rampolla, Gebrauch gemacht hatte, die vielfältigen Neuansätze der Theologie unter dem diskriminierend, ja verketzernd gemeinten Begriff „Modernismus" zusammen, obwohl dahinter nicht mehr als ein Hirngespinst vatikanischer Behörden zu sehen war. Um auch nicht einem einzigen „Abweichler" die Möglichkeit des Sich-Ausnehmens zu bieten, stellte Pius X. in der Enzyklika *Pascendi dominici gregis* (1907) den Modernismus als „das Sammelbecken aller Häresien" dar. Kurz zuvor hatte das für

Glaubensfragen zuständige Heilige Offizium im Dekret *Lamentabili sane exitu* von der Tradition abweichende und deshalb als modernistisch geltende Ansichten verworfen. Zu einer verhängnisvollen Maßnahme entschloß sich der persönlich fromme Papst, als er mit dem Erlaß *Sacrorum antistitum* (1910) alle in der Seelsorge oder im Lehramt tätigen Geistlichen zur Ablegung eines besonderen Eides, des sogenannten Antimodernisteneides, verpflichtete. Anfangs- und Schlußsatz der Eidesformel lauten: „Ich umfasse und nehme alles und jedes einzelne an, was vom irrtumslosen Lehramt der Kirche bestimmt, aufgestellt und erklärt ist, besonders die Hauptstücke ihrer Lehre, die unmittelbar den Irrtümern der Gegenwart entgegen sind [...]. Ich gelobe, daß ich das alles getreu, unversehrt und rein beobachten und unverletzt bewahren, daß ich in der Lehre oder in jeder Art von Wort und Schrift nie davon abweichen werde. So gelobe ich, schwöre ich, so helfe mir Gott und dieses heilige Evangelium Gottes."

Es fiel schon den Zeitgenossen schwer, grundsätzlich festzulegen, was unter Modernismus zu verstehen sei, und noch schwerer, im Einzelfall zu entscheiden, wer als Modernist zu gelten habe. Diese Schwierigkeit besteht heute, hundert Jahre später, immer noch, wie das Buch *Der Modernismus* (1995) von Otto Weiß zeigt. Streng traditionell gesinnte Katholiken verstehen Modernismus in einem derart engen Sinn, daß jeder, der an irgendeiner Tradition oder kirchlichen Lehrmeinung, die infolge langer Gültigkeit quasi zum Tabu geworden ist, Kritik übt, in die Schar der Ungehorsamen, das heißt der Irrgläubigen eingereiht wird. Diesem strengen Kurs folgte auch die Römische Kurie bei ihrem Vorgehen im Modernismusstreit unter Pius X.

Es wäre aber ein Irrtum, wollte man nur dem Papst und seinen Mitarbeitern im Vatikan doktrinäre Enge und realitätsfremde Unbeweglichkeit bescheinigen. Es gab auch weit entfernt von Rom Bischöfe, die sich durch eine ängstliche, stets nur Häresie und Unglauben witternde Mentalität auszeichneten. Als Zeugnis zitieren wir einen Abschnitt aus dem Pastoralschreiben des österreichischen Gesamtepiskopats an den

Klerus von 1906: „Weithin verbreitet sich eine Häufung jener grundsätzlichen Irrtümer, die unter dem Namen Reformismus oder Modernismus wie Gift und Unkraut Geist und Herz gewisser Kleriker verseuchen. In Wort und Schrift erklären sie, die Dogmen müßten den modernen sogenannten wissenschaftlichen Systemen angepaßt werden, die nach den Irrtümern des Rationalismus und Evolutionismus riechen. Diese Lehren werden übermäßig gepriesen, während man anderseits die gesunde Lehre der Kirche, wie sie uns von den Heiligen Vätern und Konzilien überliefert wurde, vernachlässigt. Man trachtet auch Neuerungen hinsichtlich der Verfassung der Kirche einzuführen in Angleichung an die bürgerliche Verfassung, wie etwa bei der kanonischen Besetzung der Bischofsstühle und einiger anderer kirchlicher Ämter. Man bekämpft mit unbesonnener Kühnheit die heilige Einrichtung des Zölibats, die der Kirche stets zur Zierde und Kraft gereichte. Diese Dinge sind begreiflicherweise so ungeheuer, daß überhaupt jede Diskussion über solche Neuerungen verurteilt und zurückgewiesen werden muß. Aus dem offenkundigen Geist des Ungehorsams und der Neuerungssucht folgt von selbst die verkehrte Haltung, die Anordnungen, Ratschläge und Mahnungen der kirchlichen Oberen, oft an Alter, Erfahrung und Wissen hervorragender Männer, der Diskussion zu unterziehen und ihre Wirksamkeit durch verschiedenste leichtfertige Spitzfindigkeiten zu untergraben."

Während Pius X. und mit ihm viele Prälaten in verschiedenen Ländern den Modernismus als den schlimmsten aller Feinde des Glaubens und der Kirche einschätzten, vermochte der evangelische Bischof Söderblom von Uppsala im Modernismus nichts anderes als „eine erzkatholische Bewegung" zu erkennen. In der Tat wollten die als Modernisten an den Pranger gestellten Theologen keineswegs als Leugner des christlichen Glaubens erscheinen.

Der irische Jesuit George Tyrrell († 1909), neben dem französischen Priester Alfred Loisy († 1943) einer der am meisten gefürchteten und verfolgten „Ketzer", bezeichnete in seinem Buch *Das Christentum am Scheideweg* „jeden Anhänger der

Kirche, der an die Möglichkeit einer Synthese zwischen dem Wahrheitsgehalt seiner Religion und dem Wahrheitsgehalt der modernen Wissenschaft glaubt", als Modernisten. So zu denken ist uns heute selbstverständlich. Tyrrell lag alles daran, bestehende Mißverständnisse in dieser Hinsicht auszuräumen. Er hielt es nämlich für völlig unmöglich, „daß die Welt die Kirche durchdringe, ohne selbst von ihr durchdrungen zu werden". Und er machte sich Gedanken darüber, wie Tradition und Fortschritt miteinander verbunden werden könnten: „Nun glaubt ein Modernist allerdings an den Fortschritt, aber er glaubt auch an die Tradition. Nach keiner Seite hin ist sein Glaube blind. Er unterzieht sowohl die Tradition als auch den Fortschritt der Prüfung, doch sein Glaube an die Tradition behält einen gewissen Vorrang, da sie sein Hauptanliegen bildet." Tyrrell gab klar zu erkennen, daß die sogenannten Modernisten weit davon entfernt waren, alle kirchlichen Überlieferungen unbesehen über Bord zu werfen. „Während seine Herzensliebe der Tradition gilt, läßt er sich von der Wissenschaft nur mit Widerstreben Zugeständnisse abringen." Solche Worte zeugen von einem ehrlichen Ringen zwischen Tradition und Fortschritt im kirchlichen Bereich.

Doch ein geschichtsfeindliches Denken und eine allzu traditionsverhaftete Haltung veranlaßten vatikanische Behörden zu regelrechten Ketzerjagden. Widerspenstigen Theologen drückte man schnell und ungeprüft Etiketten wie „liberal", „antikirchlich", „modernistisch" oder gar „ungläubig" auf. Eine besonders betrübliche Rolle spielte dabei der italienische Priester Umberto Benigni († 1934), zuerst Kirchenhistoriker am Römischen Seminar, dann Beamter im päpstlichen Staatssekretariat. Als Vertrauter des Kardinal-Staatssekretärs Merry del Val, den eine pathologische Abneigung gegen traditionswidrige Veränderungen erfüllte, verfügte Benigni über diverse Einflußmöglichkeiten, die er auch journalistisch auszunutzen verstand. Die von ihm gegründete *Corrispondenza di Roma*, eine Art Nachrichtendienst, kontrollierte verdächtige Theologen. Nachdem Benigni 1911 aus dem Staatssekretariat ausgeschieden war, setzte er sein Denunziantentum mit dem privatkirchlichen Geheimdienst *Sodalitium Pianum* fort, bis unter Benedikt XV. seinem Treiben ein Ende bereitet wurde.

In Frankreich, dem Heimatland des sogenannten Modernismus, waren es angesehene Philosophen wie L. Laberthonnière, E. Le Roy, Ch. Denis und M. Hébert, die gegen einen scholastischen Intellektualismus zu Felde zogen, und geschätzte Theologen wie M.-J. Lagrange, P. Batiffol und A. Lapotre, die manche biblischen Lehren und kirchenhistorischen Thesen aufgrund neuer mit Hilfe der historisch-kritischen Methode gewonnener Erkenntnisse nicht mehr akzeptieren konnten. Eine extreme Position bezog allein Alfred Loisy, weil er nicht nur die Veränderlichkeit kirchlicher Strukturen, sondern auch die Relativität der Dogmen vertrat.

In England konzentrierte sich die Verfolgung auf den genannten George Tyrrell. Er betrachtete den Glauben nicht als verstandesmäßige Zustimmung zu bestimmten Wahrheiten der Offenbarung, sondern in erster Linie als Vertrauen auf Gottes Heil und Rettung für alle Menschen. Zu diesem Verständnis führte ihn schon in jungen Jahren die Schrift *Grammar of Assent* des anglikanischen Priesters und späteren Kardinals John Henry Newman († 1890). Weil dem aus dem Jesuitenorden verstoßenen, vom Priesteramt suspendierten und schließlich von der Kirche exkommunizierten Tyrrell keine kirchliche Beerdigung zuteil werden durfte, sprach der gelehrte Priester Henry Bremond am Grab ohne Chorrock und Stola Worte des Gebetes und des Gedenkens. Für diesen Freundesbeweis traf auch ihn eine Zeitlang die Suspension.

Eine Vermittlerrolle zwischen französischen und englischen Modernisten spielte der Engländer Friedrich von Hügel († 1925), auch „Laienbischof der Modernisten" genannt, der streng unterschied zwischen der offiziellen Lehre der Kirche und modernistischen Irrtümern. Sein Verdienst ist es, daß man höchst unterschiedliche Vorstellungen von theologischer Erneuerung dennoch einer gemeinsamen Schule zurechnete.

Eine soziale Note erhielt der Modernismus in Italien durch den Priester Romolo Murri (1870–1944), „der in einer Atmosphäre totaler geistiger und disziplinarischer Freiheit, außerhalb jeder Kontrolle durch die Hierarchie, eine politische und soziale Aktion entwickeln wollte" (R. Aubert). Er gab den ersten Anstoß zur Gründung einer Democrazia Cristiana und wurde durch seine Aktivitäten zum kirchlichen Vorkämpfer für die Anerkennung der Demokratie durch die Kirche. Seine Hauptsorge galt der Zeitgemäßheit der Kirche oder dem *aggiornamento,* wie es der zu dieser Zeit am Priesterseminar in Bergamo Kirchengeschichte lehrende Priester Giuseppe Roncalli Jahrzehnte später als Papst Johannes XXIII. (1958–1963) formulieren sollte. Murri meinte: „So enthüllt sich ein für allemal das wahre Wesen des Modernismus, der weder eine Häresie noch ein Schisma noch eine aus derselben Quelle entspringende und auf dasselbe Ziel gerichtete Strömung ist, sondern nichts anderes als das unvermeidliche Ergebnis des Zusammenpralls der Lehren und der Disziplin des Katholizismus in seinen typisch mittelalterlichen Formen mit der modernen Kultur und dem modernen Leben." Statt diesem Anliegen mit Verständnis zu begegnen, argwöhnte man immer gleich Glaubensverrat. Salvatore Minocchi († 1945) und Ernesto Buonaiuti († 1946) förderten die exegetischen, kirchen- und dogmengeschichtlichen Studien und wurden daher verdächtigt, Feinde des christlichen Glaubens zu sein.

Ein besonderer Fall war Bischof Geremia Bonomelli (1831–1914) von Cremona. Als der Bischof Versuche unternahm, Papst Pius X. selbst von seinem gestrengen Kurs abzubringen, mußte er sich in einem päpstlichen Privatbrief belehren lassen: „Der Irrtum, den man in unseren Tagen verbreiten will, ist noch viel tödlicher als der aus Luthers Zeiten. Denn er führt geradewegs zur Zerstörung nicht nur der Kirche, sondern des Christentums überhaupt [...]. Aber angesichts eines so großen Übels kann man nicht genug Vorsichtsmaßnahmen treffen. Und die Gesetze müssen streng sein." Ein Jahr vor seinem Tod gestand derselbe Papst dem Bischof von Cremona seinen Schmerz über die Ausbreitung eines praktischen Modernismus, besonders bei den Welt- und Ordensgeistlichen.

In Deutschland läßt sich noch weniger von häretischen Modernisten sprechen, wenn man von dem Münchener

Theologieprofessor Joseph Schnitzer († 1940) absieht. Dafür gab es Theologen wie Albert Ehrhard († 1940), Franz Xaver Kraus († 1901), Hermann Schell († 1906), Joseph Wittig († 1949), Sebastian Merkle († 1945), die auf der Grundlage neuer theologischer Erkenntnisse und des Fortschritts in Technik und Kultur eine weitreichende Erneuerung der katholischen Kirche erstrebten. Die Zeitschriften *Hochland* und *Das zwanzigste Jahrhundert* waren Sprachrohre dieser auf Reform bedachten Katholiken. Mit der Bezeichnung »Reformkatholiken« würde man ihren Absichten besser gerecht werden und sie vor häretischer Verdächtigung bewahren.

Am Schlußtag des 2. Vatikanischen Konzils kündigte Papst Paul VI. eine Reform der Römischen Kurie an. Der Anfang sollte mit der obersten Kongregation, dem Heiligen Offizium, gemacht werden. Damit reagierte der Papst auf manche vom Konzil erhobenen Vorwürfe. Selbst der Präfekt der Kongregation, Kardinal Ottaviani, schien jetzt seinen hartnäckigen Widerstand aufgegeben zu haben. Er war sogar zu einem Schuldeingeständnis bereit: „Ich muß zugeben, daß sich das Hl. Offizium im Lauf der Zeiten von dieser Verfahrensweise [eines Papst Benedikts XIV.] entfernt und sie durch ein autoritäres Verfahren ersetzt hatte. Es ist sehr schmerzlich, daß man dahin gelangt ist, und es ist schwer zu sagen, wie es so weit kommen konnte. Vielleicht lag es daran, daß die ‚Suprema' Kongregation ungenügend kontrolliert wurde. Wie dem immer sei: wenn wir auf Abwege geraten sind, so geschah dies häufig aus Übereifer und Leidenschaft in der Sorge um die Einheit der Kirche und die Sicherheit der Lehre." Außerdem deutete er an, wie es in Zukunft weitergehen sollte: „Nicht mehr wie Polizisten oder Richter, sondern wie Brüder, wie ein Vater voller Zuneigung werden wir vorgehen."

So freundlich, wie von Ottaviani gedacht, ging es dann doch nicht weiter. Die seither verurteilten Theologen – nennen wir nur Hans Küng, Charles Curran und Eugen Drewermann oder auch Bischof Gaillot – können ein Lied davon singen, wieviel Geheimniskrämerei, Mißachtung gängiger Verfahrensregeln und Intrigen noch im Spiel sein können.

XV. Das Papsttum
und das 2. Vatikanische Konzil

Mit dem Concilium Vaticanum II (1962–65) war die sogenannte Pianische Epoche (1846–1958) zu Ende gegangen; für die römisch-katholische Kirche begann nun ganz allgemein eine neue Zeit.

Vom 2. Vatikanischen Konzil sprechen heißt zunächst an Papst Johannes XXIII. (1958–63) erinnern, der allein schon mit der Ankündigung und der Einberufung dieses Konzils „einen Sprung nach vorwärts" machte, d.h. den Aufbruch der Kirche in eine unbekannte Zeit vorbereitete. In seiner programmatischen Ansprache bei der Eröffnung dieser bis dahin größten Kirchenversammlung am 11. Oktober 1962 erklärte der Papst, das Konzil habe nicht nur den Glauben als kostbaren Schatz zu bewahren, „als ob wir uns nur um Altertümer kümmern würden", und betonte sogleich: „Wir wollen uns mit Eifer und ohne Furcht der Aufgabe widmen, die unsere Zeit erfordert." Konkret bedeutete dies für ihn, das authentische Glaubensgut mit wissenschaftlichen Methoden zu erforschen und in den sprachlichen Ausdrucksformen des modernen Denkens darzulegen. Auf die bei früheren Konzilien üblichen Verurteilungen in Form von Kanones sollte ganz verzichtet und statt dessen „das Heilmittel der Barmherzigkeit" angewendet werden. Vor allem gelte es, unterstrich Johannes XXIII. mit Nachdruck, die Würde der menschlichen Person zu respektieren, auch dann noch, wenn ein Mensch im Irrtum befangen sei. So zu denken, erlaubte dem Papst die feste Überzeugung, daß die Wahrheit letztlich immer siegen werde. Welch grenzenloses Vertrauen auf die Rettung durch Gott ihn beseelte, offenbarte auch seine Radiobotschaft zu Weihnachten 1960: „An der Seite Jesu können wir nicht bloß den kleinen See in Galiläa, sondern alle Meere der Welt überqueren. Das Wort Jesu genügt zur Rettung und zum Sieg."

Da Johannes XXIII. am 3. Juni 1963, ein halbes Jahr nach der 1. Tagungsperiode des Konzils, starb, blieb es ihm erspart, das Konzilsunternehmen zu Ende zu führen und die beim Verwirklichen der Konzilsbeschlüsse auftauchenden Hindernisse zu überwinden. Dieses schwierige Werk zählte zu den Hauptaufgaben Pauls VI., und es ist heute, gut 30 Jahre nach Konzilsende, unter Johannes Paul II. noch nicht vollendet, denn im Grunde dauert jedes Konzil bis zum nächstfolgenden.

Es ist in diesem Rahmen nicht möglich, das in vier Konzilsperioden zustande gekommene theologisch-praktische Reformkonzept der Kirche umfassend vorzustellen. Es soll genügen, die wichtigsten der in den 16 Konzilsdokumenten (Konstitutionen, Dekrete und Erklärungen) enthaltenen neuen Aspekte und Leitlinien mit wesentlichen Konzilstexten vorzustellen:

1. Religionsfreiheit:
„Es ist ein Hauptbestandteil der katholischen Lehre [...], daß der Mensch freiwillig durch seinen Glauben Gott antworten soll, daß dementsprechend niemand gegen seinen Willen zur Annahme des Glaubens gezwungen werden darf. Denn der Glaubensakt ist seiner Natur nach ein freier Akt [...]. Es entspricht also völlig der Wesensart des Glaubens, daß in religiösen Dingen jede Art von Zwang von seiten der Menschen ausgeschlossen ist" (Nr. 10). „Gott ruft die Menschen zu seinem Dienst im Geiste und in der Wahrheit, und sie werden deshalb durch diesen Ruf im Gewissen verpflichtet, aber nicht gezwungen" (Nr. 11). „Gewiß ist bisweilen im Leben des Volkes Gottes auf seiner Pilgerfahrt – im Wechsel der menschlichen Geschichte – eine Weise des Handelns vorgekommen, die dem Geist des Evangeliums wenig entsprechend, ja sogar entgegengesetzt war" (Nr.12).

2. Ökumenismus:
„Es kam zur Trennung recht großer Gemeinschaften von der vollen Gemeinschaft der katholischen Kirche, oft nicht ohne Schuld der Menschen auf beiden Seiten. Den Menschen jedoch, die jetzt in solchen Gemeinschaften geboren sind und in ihnen den Glauben an Christus erlangen, darf die Schuld der Trennung nicht zur Last gelegt werden – die katholische Kirche betrachtet sie als Brüder, in Verehrung und Liebe.

[...] Dennoch erfreuen sich die von uns getrennten Brüder, sowohl als einzelne wie auch als Gemeinschaften und Kirchen betrachtet, nicht jener Einheit, die Jesus Christus all denen schenken wollte, die er zu einem Leibe und zur Neuheit des Lebens wiedergeboren und lebendig gemacht hat" (Nr. 3).

3. Katholische Ostkirchen:
„Von getrennten Ostchristen, die unter der Gnadenwirkung des Heiligen Geistes zur katholischen Einheit kommen, soll nicht mehr verlangt werden, als was das einfache katholische Glaubensbekenntnis fordert" (Nr. 25).

4. Nichtchristliche Religionen:
„Die katholische Kirche lehnt nichts von alledem ab, was in diesen Religionen wahr und heilig ist" (Nr. 2). „Bei ihrer Besinnung auf das Geheimnis der Kirche gedenkt die Heilige Synode des Bandes, wodurch das Volk des Neuen Bundes mit dem Stamme Abrahams geistlich verbunden ist [...]. Obgleich die jüdischen Obrigkeiten mit ihren Anhängern auf den Tod Christi gedrungen haben, kann man dennoch die Ereignisse seines Leidens weder allen damals lebenden Juden ohne Unterschiede noch den heutigen Juden zur Last legen" (Nr. 4).

5. Heilige Liturgie:
„Die volle und tätige Teilnahme des ganzen Volkes ist bei der Erneuerung und Förderung der heiligen Liturgie aufs stärkste zu beachten" (Nr. 14). „Da bei der Messe, bei der Sakramentenspendung und in den anderen Bereichen der Liturgie nicht selten der Gebrauch der Muttersprache für das Volk sehr nützlich sein kann, soll es gestattet sein, ihr einen weiteren Raum zuzubilligen" (Nr. 36).

6. Göttliche Offenbarung:
„Die Heilige Überlieferung und die Heilige Schrift sind eng miteinander verbunden und haben aneinander Anteil" (Nr. 9). „Die Aufgabe aber, das geschriebene oder überlieferte Wort Gottes verbindlich zu erklären, ist nur dem lebendigen Lehramt der Kirche anvertraut, dessen Vollmacht im Namen Jesu Christi ausgeübt wird. Das Lehramt ist nicht über dem Wort

Gottes, sondern dient ihm, indem es nichts lehrt, als was überliefert ist" (Nr. 10).

7. *Kirche:*

„Um Gottes Volk zu weiden und immerfort zu mehren, hat Christus der Herr in seiner Kirche verschiedene Dienstämter eingesetzt, die auf das Wohl des ganzen Leibes ausgerichtet sind" (Nr. 18). „Wenn auch einige nach Gottes Willen als Lehrer, Ausspender der Geheimnisse und Hirten für die anderen bestellt sind, so waltet doch unter allen eine wahre Gleichheit in der allen Gläubigen gemeinsamen Würde und Tätigkeit zum Aufbau des Leibes Christi [...]. Die Hirten der Kirche sollen nach dem Beispiel des Herrn einander und den übrigen Gläubigen dienen, diese aber sollen voll Eifer mit den Hirten und Lehrern eng zusammenarbeiten" (Nr. 32).

8. *Bischöfe:*

„Als Nachfolger der Apostel steht den Bischöfen in den ihnen anvertrauten Diözesen von selbst jede ordentliche, eigenständige und unmittelbare Gewalt zu, die zur Ausübung ihres Hirtenamtes erforderlich ist" (Nr. 8). „Da die Bischofskonferenzen, die in mehreren Ländern schon errichtet sind, vorzügliche Beweise eines fruchtbaren Apostolats erbracht haben, hält es diese Heilige Synode für sehr angebracht, daß sich überall die Bischöfe desselben Landes oder Gebietes zu einem Gremium zusammenfinden" (Nr. 37).

9. *Ausbildung der Priester:*

„Die philosophischen Disziplinen sollen so dargeboten werden, daß die Alumnen vor allem zu einem gründlichen und zusammenhängenden Wissen über Mensch, Welt und Gott hingeführt werden [...]. Es sollen aber auch die philosophischen Forschungen der neueren Zeit berücksichtigt werden, zumal jene, die beim eigenen Volk bedeutenderen Einfluß ausüben, und der Fortschritt der modernen Naturwissenschaften [...] Mit besonderer Sorgfalt sollen sie im Studium der Heiligen Schrift, die die Seele der ganzen Theologie sein muß, gefördert werden" (Nr. 15).

10. Ordensleute:
„Zeitgemäße Erneuerung des Ordenslebens heißt ständige Rückkehr zu den Quellen jedes christlichen Lebens und zum Geist des Ursprungs der einzelnen Institute, zugleich aber deren Anpassung an die veränderten Zeitverhältnisse" (Nr. 2).

11. Kirche in der heutigen Welt:
„Das Gewissen ist die verborgenste Mitte und das Heiligtum im Menschen, wo er allein ist mit Gott, dessen Stimme in diesem seinem Innersten zu hören ist [...]. Nicht selten jedoch geschieht es, daß das Gewissen aus unüberwindlicher Unkenntnis irrt, ohne daß es dadurch seine Würde verliert" (Nr. 16). „Achtung und Liebe sind auch denen zu gewähren, die in gesellschaftlichen, politischen oder auch religiösen Fragen anders denken oder handeln als wir [...]. Man muß jedoch unterscheiden zwischen dem Irrtum, der immer zu verwerfen ist, und dem Irrenden, der seine Würde als Person stets behält, auch wenn ihn falsche oder weniger richtige religiöse Auffassungen belasten" (Nr. 28).

12. Missionstätigkeit:
„Dabei will sich die Kirche auf keine Weise in die Leitung des irdischen Staatswesens einmischen. Sie beansprucht kein anderes Recht, als mit Gottes Hilfe in Liebe und treuer Bereitschaft den Menschen zu dienen" (Nr. 12). „Mißachtung fremder Rassen und übersteigerten Nationalismus sollen sie gänzlich meiden und die alle Menschen umfassende Liebe pflegen" (Nr. 15).

13. Laienapostolat:
„Durch ihr Bemühen um die Evangelisierung und Heiligung der Menschen und um die Durchdringung und Vervollkommnung der zeitlichen Ordnung mit dem Geist des Evangeliums üben sie tatsächlich ein Apostolat aus" (Nr. 2).

14. Dienst und Leben der Priester:
„Die Priester sollen die Würde der Laien und die bestimmte Funktion, die den Laien für die Sendung der Kirche zukommt, wahrhaft anerkennen und fördern. Sie mögen auch mit Bedacht die gebührende Freiheit, die allen im bürgerlichen Be-

reich zusteht, achten. Sie sollen gern auf die Laien hören, ihre Wünsche brüderlich erwägen und ihre Erfahrung und Zuständigkeit in den verschiedenen Bereichen des menschlichen Wirkens anerkennen, damit sie gemeinsam mit ihnen die Zeichen der Zeit verstehen können [...]. Ebenso sollen sie vertrauensvoll den Laien Ämter zum Dienst in der Kirche anvertrauen, ihnen Freiheit und Raum zum Handeln lassen, ja sie sogar in kluger Weise dazu ermuntern, auch von sich aus Aufgaben in Angriff zu nehmen" (Nr. 9).

15. Christliche Erziehung:
„Die Eltern, die zuerst und unveräußerlich die Pflicht und das Recht haben, ihre Kinder zu erziehen, müssen in der Wahl der Schule wirklich frei sein" (Nr. 6).

16. Soziale Kommmunikationsmittel:
„Es ist ein unwürdiger Zustand, wenn es von den Mitgliedern der Kirche untätig hingenommen wird, daß das Wort des Heiles durch technische Unzulänglichkeit und unzureichende Mittel gefesselt und gehindert ist" (Nr. 17).

Die 16 Konzilsdokumente gleichen Wegweisern auf dem Weg der Kirche in der gegenwärtigen Zeit. Ob sich die Kirchenführer, vom Papst bis zum Pastoralassistenten, und das übrige Kirchenvolk auch danach richten, ist eine andere Frage. Schon während der Konzilsversammlung fehlte es nicht an Protest und Opposition. Jahre später kam es zum Kirchenschisma, das mit dem Namen des 1988 exkommunizierten Erzbischofs Marcel Lefebvre († 1991) und seiner Traditionalistenbewegung „Priesterbruderschaft Pius X." verbunden ist. Die Kirche habe wesentliche Bestandteile der Tradition aufgegeben, lautete die Begründung für ihren Auszug aus der Kirche. So denkt auch eine Minderheit von Katholiken, die noch innerhalb der Kirche aushält. Und hat nicht Papst Paul VI. (1963–1978) selbst mit eigenmächtigen Entscheidungen zu Fragen der Geburtenregelung und des Priesterzölibats zu erkennen gegeben, daß auch er lieber innerhalb der von kirchlichen Traditionen gezogenen Grenzen verharren, als Schritte in eine unbekannte Zukunft wagen wollte?

XVI. Der Papst aus einem fernen Land

Das Jahr 1978 ist als das Drei-Päpste-Jahr in die Geschichte eingegangen: Paul VI. starb nach 15jährigem Pontifikat (1963–1978). Ihm folgte Johannes Paul I. (1978), dem nur eine Regierungszeit von 30 Tagen vergönnt war. Seit dem 14. Oktober 1978 steht Johannes Paul II., der frühere Erzbischof Karol Wojtyla von Krakau, als Summus Pontifex an der Spitze der römisch-katholischen Kirche.

Johannes Paul II. zeigte von Anfang an ein elementares Verlangen nach Kontakt mit Menschen, mit möglichst vielen Menschen, was den hinter Vatikanmauern eingesperrten Statthaltern Petri bislang verwehrt zu sein schien. Frühere Päpste ließen sich in der Tat einsperren, doch dieser Pontifex sprengte die goldenen Fesseln, wie seine über 70 Auslandsreisen, drei davon nach Deutschland, deutlich beweisen. Sein persönlicher Charme verbindet sich mit einem feinen Gespür für Propaganda im Dienste des Glaubens. Kein Wunder, daß er schon als „Show-Pope" bezeichnet wurde – eine Umschreibung für die seltene Kombination aus entwaffnender Liebenswürdigkeit und offizieller Majestät. Wer jedoch näher hinschaut, entdeckt freilich schnell hinter der strahlenden Fassade des Showmasters den hartnäckigen Verteidiger traditioneller Positionen in der Lehre wie im Leben der Kirche.

Einzigartig ist gewiß das soziale Engagement, das Karol Wojtyla schon als Bischof im sozialistischen Polen bekundet hat und das er als Papst der katholischen Kirche in verstärktem Maß fortsetzt. Mit Leidenschaft tritt er für die heute geradezu revolutionär anmutenden Grundsätze der katholischen Soziallehre ein. Die Armen, Unterdrückten und Verfolgten in aller Welt haben in ihm einen mutigen und unerschrockenen Anwalt der Menschenrechte. Die Tatsache, daß er auch Diktatoren die Hand drückt, hindert ihn keineswegs daran, Menschenrechtsverletzungen jeder Art rücksichtslos anzuprangern. Fundamental bleibt für ihn die unverletzliche Würde eines jeden Individuums, weil Jesus Christus durch seine Menschwerdung der Bruder aller Menschen geworden ist und durch seinen Kreuzestod alle Menschen erlöst hat.

Doch so weit und universal die Haltung Johannes Pauls II. in sozialer Hinsicht ist, so eng und beschränkt erweist sich seine Einstellung, wenn es um Fragen des christlichen Glaubens und der kirchlichen Moral geht. Bei einer Umfrage unter prominenten Persönlichkeiten antwortete ein Politiker treffend: „Der Papst ist für mich eine Persönlichkeit, bei der ich sorgfältig zwischen seiner ausgesprochen konservativen Haltung in vielen dogmatischen Fragen einerseits und seinen fortschrittlichen Stellungnahmen zu sozialen Fragen, zu Nord-Süd-Problemen und zur Erhaltung der Schöpfung andererseits unterscheide" (Hans-Jochen Vogel). Im Vatikan herrschen heute noch ein päpstlicher Absolutismus und ein bürokratischer Zentralismus, deren Entscheidungen in den bischöflichen Teilkirchen oftmals auf Unverständnis und Ablehnung stoßen. Weil aber die Bischöfe als die wichtigsten Schaltstellen fungieren sollen, führen Behörden der römischen Kurie vor der Besetzung vakanter Bischofssitze streng geheime Informativprozesse durch, um aus den Vorschlagslisten die zuverlässigsten, das heißt die papsthörigsten Kandidaten herauszufinden. Die in den letzten Jahren vorgenommenen Bischofsernennungen in Deutschland, Österreich und der Schweiz sind Beweis genug dafür, daß die vom 2. Vatikanischen Konzil so sehr beschworene Kollegialität zwischen Papst und Episkopat weithin zu wünschen übrig läßt. Weil Papst und Römische Kurie nur noch eine bestimmte Partei gelten lassen, sind sie unglücklicherweise selbst Partei, statt die verschiedenen Richtungen, die in der Lehre wie im Leben der Kirche zu allen Zeiten bestanden, auf das Wesentliche des Glaubens zu konzentrieren. „Das Vertrauen ist erschüttert", beklagt der Redemptorist und Moraltheologe Bernhard Häring. „Es zeichnet sich eine bislang nicht gekannte Polarisation ab, die jetzt schon die Gestalt eines psychologischen Schismas angenommen hat."

Mehr noch als im Bereich des Glaubens sind auf dem weiten Gebiet der Ehe- und Sexualmoral unter katholischen Christen große Unterschiede im Denken wie im Leben anzutreffen. Vor allem seit Pauls VI. Enzykliken *Sacerdotalis caelibatus* (1967) und *Humanae vitae* (1968), die Johannes Paul II. ohne Einschränkung verteidigt, sind die Verpflichtung der Priester zur Ehelosigkeit und die Ablehnung „unnatürlicher" Methoden der Geburtenregelung zum Schibboleth für die Rechtgläubigkeit von Theologen und Seelsorgern geworden. Hinzu kommt die neu eingeschärfte Entscheidung Johannes Pauls II., daß die Priesterweihe von Frauen für alle Zeiten ausgeschlossen bleiben müsse. Und wie der Antimodernismus unter Pius X. unterhält der Vatikan heute ein von diözesanen Behörden unterstütztes Kontrollsystem, das vor allem die Lehr- und Schreibtätigkeit der Dozenten der Theologie sorgfältig überwacht und in manchen Fällen sogar mit Strafen ahndet, so daß Lehr- und Gewissensfreiheit bedroht sind.

Johannes Paul II. stammt aus einem Land, dessen Bürger unter dem totalitären Regime des Kommunismus starke Einschränkungen im Hinblick auf Freiheit der Religion und des Gewissens ertragen mußten. Unentwegt fordert er zwar politische Religionsfreiheit, spricht aber nur sehr behutsam von Gewissensfreiheit, weil das einzelne Gewissen nach seiner Überzeugung prinzipiell an die vom obersten Lehramt der Kirche verkündigten Normen und Gesetze gebunden bleibt. So erleben wir heute einen erschreckenden Rückfall in die Epoche der Gegenreformation vor vierhundert Jahren. Damals beschrieb der italienische Jesuit Giovanni Botero († 1617), ein Gegner des Machtphilosophen Machiavelli, die kirchliche Situation mit den Worten: „Unter allen Religionen gibt es keine, die für die Fürsten vorteilhafter ist als die christliche; denn diese unterwirft ihnen nicht nur Leib und Vermögen der Untertanen, sondern auch den Sinn und das Gewissen; sie bindet nicht nur die Hand, sondern auch die Affekte und die Gedanken." Solches Denken nennt man religiösspirituelle Diktatur.

Dieser Theologie entspricht auch Johannes Pauls II. extremes Verständnis der Unfehlbarkeit des päpstlichen Lehramtes. In einer Audienz für Bischöfe aus den Vereinigten Staaten von

Amerika am 16. Oktober 1988 erklärte er, das Charisma der Unfehlbarkeit wirke nicht nur in feierlichen Verlautbarungen des Papstes und in Dekreten eines ökumenischen Konzils, sondern auch im „normalen, universalen Lehramt, das wahrhaft als der gewöhnliche Ausdruck der kirchlichen Unfehlbarkeit angesehen werden kann".

Papst Johannes Paul II. weiß, was auch Paul VI. offen ausgesprochen hat, daß die Institution des Papsttums in ihrer heutigen Form das größte Hindernis für die Vereinigung aller christlichen Kirchen und Gemeinschaften darstellt. Seine jüngste Enzyklika *Ut unum sint* vom 30. Mai 1995 ist dem Anliegen der ökumenischen Kircheneinheit gewidmet. Und er weiß um die Bitte oder Forderung, die innerhalb wie außerhalb der katholischen Kirche an die Adresse Roms geht, „eine Form der Primatsausübung zu finden, die zwar keineswegs auf das Wesentliche ihrer Sendung verzichtet, sich aber einer neuen Situation öffnet". Doch seine Treue zur Lehrtradition läßt ihn den umstrittenen Primatsanspruch weiterhin erheben: „Mit der Vollmacht der Autorität, ohne die dieses Amt illusorisch wäre, muß der Bischof von Rom die Gemeinschaft aller Kirchen gewährleisten." Damit umschreibt er selbst am besten das Dilemma, in dem sich das Papsttum immer noch befindet: Garant der Einheit zu sein und gleichzeitig das Haupthindernis für diese Einheit darzustellen.

Das 2. Vatikanische Konzil hat die Spannungen zwischen dem Primat des Papstes und der Kollegialität der Bischöfe mit dem Papst zu mindern gesucht, im Grunde aber doch fortbestehen lassen. Deshalb können sich die widerstreitenden Parteien für ihre Meinung auch auf ein und dasselbe Konzil berufen. Folglich bedeutet es keine genau bestimmte Festlegung, wenn die Päpste hoch und heilig versichern, daß ihnen die Verwirklichung des Konzilserbes ein dringendes Anliegen sei. Johannes Paul II. scheint von der Angst erfüllt zu sein, die Kontinuität der kirchlichen Tradition, die ihm über alles geht, könnte von der Dynamik des 2. Vatikanischen Konzils überrollt werden und aus der gewohnten Kirche eine andere machen. Nicht zuletzt mögen ihn die Übertreibungen mancher

Lehren und Überschreitungen fester Grenzen davon abhalten, Experimente zu wagen und Risiken einzugehen. Dazu bedürfte es eines Vertrauens auf Gottes Geist, wie es Johannes XXIII. in erstaunlicher Weise eigen gewesen ist.

Und doch vollbrachte der vielgescholtene Papst aus Polen erstaunliche Schritte, wenn er sich bei dem von ihm initiierten Kongreß der Religionen in Assisi unter die Schar der höchst unterschiedlichen Repräsentanten mischte oder wenn er als erster Papst die Synagoge in Rom besuchte.

Auch für Päpste gilt die altrömische Sentenz *Cottidiana vilescunt* („Alltägliches nützt sich ab"). So groß auch die Begeisterung über den Papst „aus einem fernen Land" – erstmals seit 1523 sitzt wieder ein Nichtitaliener und zum ersten Mal überhaupt ein Pole auf dem Stuhl des hl. Petrus – gewesen ist, nach 18jähriger Regierungszeit fehlt der anfängliche Glanz, der Ansturm der Massen hält sich in Grenzen, und die allgemeine Euphorie schwindet immer mehr. Stattdessen wachsen Enttäuschung, Unzufriedenheit und Ablehnung. Schon richten sich die Hoffnungen vieler auf einen neuen Papst, der die mit fast einer Milliarde Katholiken weltweit größte Glaubensgemeinschaft in eine bessere Zukunft führen soll.

Nachwort

In einer historischen Abhandlung wird man keine Antwort erwarten auf Fragen nach der Zukunft des Papsttums. Die Vergangenheit zeigt deutlich, daß das Papsttum im Laufe seiner fast zweitausendjährigen Geschichte viele Wandlungen erfahren hat. Kein Zweifel, es bedarf auch heute einer erneuten Wandlung, dringend sogar. Im Blick auf alle Kirchen und kirchlichen Gemeinschaften scheint eine Selbstbegrenzung oder Selbstbeschränkung des päpstlichen Amtes die Hauptforderung der Stunde zu sein. Erst dann läßt sich an Einigung und Einigkeit der christlichen Kirchen mitsamt ihren Verschiedenheiten denken. Dies bedeutet allerdings das Eingeständnis, daß das 1. Vatikanische Konzil mit dem Glaubenssatz vom Rechtsprimat des Papstes über die gesamte Kirche mehr noch als mit dem Dogma von der Unfehlbarkeit des päpstlichen Lehramtes den biblisch-theologischen Rahmen überspannt hat und darum die Rückkehr zu einer Kirche als Gemeinschaft *(communio),* wie zur Zeit der Urkirche, unerläßlich ist. Es bedeutet konkret, daß der Papst auf seine absolutistische Position in der Kirche verzichtet, womit ihm auch nicht mehr die schier unerträgliche Last der letzten und alleinigen Verantwortung für die wahrhaft eine, heilige und katholische Kirche auferlegt wäre. Dann könnten die Teilkirchen wieder nach den Prinzipien echter Kollegialität, Solidarität und Subsidiarität ein eigenständiges Leben entfalten und dennoch miteinander in „versöhnter Verschiedenheit" (H. Fries/K. Rahner) die *una catholica ecclesia Jesu Christi* darstellen. Dann müßten auch die Bischöfe nicht mehr immer nur auf die Uhr des Vatikans schauen, um zu sehen, wieviel die Stunde in ihren Regionen geschlagen hat. Das hohe Amt des Papstes als Petrusdienst wäre damit keinesfalls überflüssig, es bliebe wichtig für die universale Kirche. Seine vordringlichste Aufgabe bestünde darin, die über die ganze Erde verbreitete Kirche Jesu Christi zu leiten gemäß dem Wort des Bischofs und Kirchenvaters Augustinus († 430): „In notwendigen Dingen Einheit, in zweifelhaften Dingen Freiheit, in allen Dingen aber Liebe." Dann könnte auch das Fest der Wiedervereinigung aller Kirchen gefeiert werden.

Literaturhinweise

Balthasar, H. U. von: *Der antirömische Affekt,* Freiburg/Basel/Wien 1974
Caspar, E.: *Geschichte des Papsttums von den Anfängen bis zur Höhe der Weltherrschaft,* 2 Bände, Tübingen 1930–1933
Denzler, G. (Hg.): *Päpste und Papsttum,* (bisher 27 Bände), Stuttgart 1971 ff.
Franzen, A./Bäumer, R.: *Papstgeschichte. Das Petrusamt in seiner Idee und seiner geschichtlichen Verwirklichung in der Kirche,* Freiburg/Basel/Wien 1974
Fuhrmann, H.: *Papstgeschichtsschreibung. Grundlinien und Etappen,* in: *Geschichte und Geschichtswissenschaft in der Kultur Italiens und Deutschlands,* hrsg. von A. Esch und J. Petersen, Tübingen 1989, S. 141–191
Granfield, P.: *Das Papsttum, Kontinuität und Wandel,* Münster 1984
Greschat, M. (Hg.): *Das Papsttum,* 2 Bände, Stuttgart 1985
Haidacher, A.: *Geschichte der Päpste in Bildern,* Heidelberg 1965
Haller, J.: *Das Papsttum. Idee und Wirklichkeit,* 5 Bände, Tübingen 1950–1953
Kelly, J. N. D.: *Reclams Lexikon der Päpste,* Stuttgart 1988
Levillain, P. (Hg.): *Dictionnaire historique de la papauté,* Paris 1994
Pastor, L. von: *Geschichte der Päpste seit dem Ausgang des Mittelalters,* 16 Bände, Freiburg 1886–1933
Pesch, O. H.: *Das Zweite Vatikanische Konzil. Vorgeschichte, Verlauf, Ergebnisse, Nachgeschichte,* Würzburg 1993
Pesch, R.: *Simon-Petrus. Geschichte und geschichtliche Bedeutung des ersten Jüngers Jesu Christi,* Stuttgart 1980
Ranke, L. von: *Die römischen Päpste,* 3 Bände, Berlin 1819–1834
Schatz, K.: *Der päpstliche Primat. Seine Geschichte von den Ursprüngen bis zur Gegenwart,* Würzburg 1990
Schmidlin, J.: *Papstgeschichte der neuesten Zeit,* 4 Bände, München 1933–1939
Schwaiger, G.: *Geschichte der Päpste im 20. Jahrhundert,* München 1968
Seppelt, F. X.: *Geschichte der Päpste,* 5 Bände, München 1931–1956

Papstliste

Während die Päpste in früheren Listen Ordinalzahlen aufwiesen (so trug Pius XII. 1939–1958 die Nummer 262), verzichtet das *Annuario Pontificio* heute auf diese Durchzählung und bietet die Namen der sog. Gegenpäpste eingerückt.

Hl. Petrus	–67 (?)	Hl. Anastasius I.	399–401
Hl. Linus	67–76	Hl. Innozenz I.	401–417
Hl. Anaclet I.	76–88	Hl. Zosimus	417–418
Hl. Clemens I.	88–97	Hl. Bonifatius I.	418–422
Hl. Evaristus	97–105	Eulalius	418–419
Hl. Alexander I.	105–115	Hl. Coelestin I.	422–432
Hl. Sixtus I.	115–125	Hl. Sixtus III.	432–440
Hl. Telesphorus	125–136	Hl. Leo I.	440–461
Hl. Hyginus	136–140	Hl. Hilarius	461–468
Hl. Pius I.	140–155	Hl. Simplicius	468–483
Hl. Anicet	155–166	Hl. Felix III. (II.)	483–492
Hl. Soter	166–175	Hl. Gelasius I.	492–496
Hl. Eleutherus	175–189	Anastasius II.	496–498
Hl. Viktor I.	189–199	Hl. Symmachus	498–514
Hl. Zephyrinus	199–217	Laurentius	498, 501–505
Hl. Calixtus I.	217–222	Hl. Hormisdas	514–523
Hippolytus	217–235	Hl. Johannes I.	523–526
Hl. Urban I.	222–230	Hl. Felix IV. (III.)	526–530
Hl. Pontianus	230–235	Bonifatius II.	530–532
Hl. Anterus	235–236	Dioskur	530
Hl. Fabianus	236–250	Johannes II.	533–535
Hl. Cornelius	251–253	Hl. Agapet I.	535–536
Novatianus	251	Hl. Silverius	536–537
Hl. Lucius I.	253–254	Vigilius	537–555
Hl. Stephanus I.	254–257	Pelagius I.	556–561
Hl. Sixtus II.	257–258	Johannes III.	561–574
Hl. Dionysius	259–268	Benedikt I.	575–579
Hl. Felix I.	269–274	Pelagius II.	579–590
Hl. Eutychianus	275–283	Hl. Gregor I.	590–604
Hl. Cajus	283–296	Sabinian	604–606
Hl. Marcellinus	296–304	Bonifatius III.	607
Hl. Marcellus I.	308–309	Hl. Bonifatius IV.	608–615
Hl. Eusebius	309	Hl. Deusdedit	615–618
Hl. Miltiades	311–314	Bonifatius V.	619–625
Hl. Silvester I.	314–335	Honorius I.	625–638
Hl. Marcus	336	Severinus	640
Hl. Julius I.	337–352	Johannes IV.	640–642
Liberius	352–366	Theodor I.	642–649
Felix II.	355–365	Hl. Martin I.	649–655
Hl. Damasus I.	366–384	Hl. Eugen I.	654–657
Ursinus	366–367	Hl. Vitalianus	657–672
Hl. Siricius	384–399	Adeodatus II.	672–676

Donus	676–678	Lando	913–914
Hl. Agatho	678–681	Johannes X.	914–928
Hl. Leo II.	682–683	Leo VI.	928
Hl. Benedikt II.	684–685	Stephan VII. (VIII.)	928–931
Johannes V.	685–686	Johannes XI.	931–935
Konon	686–687	Leo VII.	936–939
Theodor	687	Stephan VIII. (IX.)	939–942
Paschalis	687	Marinus II.	
Hl. Sergius I.	687–701	(Martin III.)	942–946
Johannes VI.	701–705	Agapet II.	946–955
Johannes VII.	705–707	Johannes XII.	955–964
Sisinnius	708	Leo VIII.	963–965
Constantinus I.	708–715	Benedikt V.	964
Hl. Gregor II.	715–731	Johannes XIII.	965–972
Hl. Gregor III.	731–741	Benedikt VI.	973–974
Hl. Zacharias	741–752	Bonifatius VII.	974, 984–985
Stephan II. (III.)	752–757	Benedikt VII.	974–983
Hl. Paul I.	757–767	Johannes XIV.	983–984
Constantinus II.	767–769	Johannes XV.	985–996
Philipp	768	Gregor V.	996–999
Stephan III. (IV.)	768–772	Johannes XVI.	997–998
Hadrian I.	772–795	Silvester II.	999–1003
Hl. Leo III.	795–816	Johannes XVII.	1003
Stephan IV. (V.)	816–817	Johannes XVIII.	1004–1009
Hl. Paschalis I.	817–824	Sergius IV.	1009–1012
Eugen II.	824–827	Benedikt VIII.	1012–1024
Valentin	827	Gregor VI.	1012
Gregor IV.	827–844	Johannes XIX.	1024–1032
Johannes	844	Benedikt IX.	1032–1044
Sergius II.	844–847	Silvester III.	1045
Hl. Leo IV.	847–855	Benedikt IX.	1045
Benedikt III.	855–858	Gregor VI.	1045–1046
Anastasius	855	Clemens II.	1046–1047
Hl. Nikolaus I.	858–867	Benedikt IX.	1047–1048
Hadrian II.	867–872	Damasus II.	1048
Johannes VIII.	872–882	Hl. Leo IX.	1049–1054
Marinus I.		Victor II.	1055–1057
(Martin II.)	882–884	Stephan IX. (X.)	1057–1058
Hl. Hadrian III.	884–885	Benedikt X.	1058–1059
Stephan V. (VI.)	885–891	Nikolaus II.	1059–1061
Formosus	891–896	Alexander II.	1061–1073
Bonifatius VI.	896	Honorius II.	1061–1072
Stephan VI. (VII.)	896–897	Hl. Gregor VII.	1073–1085
Romanus	897	Clemens III.	1084–1100
Theodor II.	897	Sel. Victor III.	1086–1087
Johannes IX.	898–900	Sel. Urban II.	1088–1099
Benedikt IV.	900–903	Paschalis II.	1099–1118
Leo V.	903	Theoderich	1100–1102
Christophorus	903–904	Albert	1102
Sergius III.	904–911	Silvester IV.	1105–1111
Anastasius III.	911–913	Gelasius II.	1118–1119

Gregor VIII.	1118–1121	Innozenz VII.	1404–1406
Calixtus II.	1119–1124	Gregor XII.	1406–1415
Honorius II.	1124–1130	Clemens VII.	1378–1394
Coelestin II.	1124	Benedikt XIII.	1394–1423
Innozenz II.	1130–1143	Alexander V.	1409–1410
Anaklet II.	1130–1138	Johannes XXIII.	1410–1415
Viktor IV.	1138	Martin V.	1417–1431
Coelestin II.	1143–1144	Eugen IV.	1431–1447
Lucius II.	1144–1145	Felix V.	1440–1449
Sel. Eugen III.	1145–1153	Nikolaus V.	1447–1455
Anastasius IV.	1153–1154	Calixt III.	1455–1458
Hadrian IV.	1154–1159	Pius II.	1458–1464
Alexander III.	1159–1181	Paul II.	1464–1471
Victor IV.	1159–1164	Sixtus IV.	1471–1484
Paschalis III.	1164–1168	Innozenz VIII.	1484–1492
Calixtus III.	1168–1178	Alexander VI.	1492–1503
Innozenz III.	1179–1180	Pius III.	1503
Lucius III.	1181–1185	Julius II.	1503–1513
Urban III.	1185–1187	Leo X.	1513–1521
Gregor VIII.	1187	Hadrian VI.	1522–1523
Clemens III.	1187–1191	Clemens VII.	1523–1534
Coelestin III.	1191–1198	Paul III.	1534–1549
Innozenz III.	1198–1216	Julius III.	1550–1555
Honorius III.	1216–1227	Marcellus II.	1555
Gregor IX.	1227–1241	Paul IV.	1555–1559
Coelestin IV.	1241	Pius IV.	1560–1565
Innozenz IV.	1243–1254	Hl. Pius V.	1566–1572
Alexander IV.	1254–1261	Gregor XIII.	1572–1585
Urban IV.	1261–1264	Sixtus V.	1585–1590
Clemens IV.	1265–1268	Urban VII.	1590
Sel. Gregor X.	1271–1276	Gregor XIV.	1590–1591
Sel. Innozenz V.	1276	Innozenz IX.	1591
Hadrian V.	1276	Clemens VIII.	1592–1605
Johannes XXI.	1276–1277	Leo XI.	1605
Nikolaus III.	1277–1280	Paul V.	1605–1621
Martin IV.	1281–1285	Gregor XV.	1621–1623
Honorius IV.	1285–1287	Urban VIII.	1623–1644
Nikolaus IV.	1288–1292	Innozenz X.	1644–1655
Hl. Coelestin V.	1294	Alexander VII.	1655–1667
Bonifatius VIII.	1294–1303	Clemens IX.	1667–1669
Sel. Benedikt XI.	1303–1304	Clemens X.	1670–1676
Clemens V.	1305–1314	Sel. Innozenz XI.	1676–1689
Johannes XXII.	1316–1334	Alexander VIII.	1689–1691
Nikolaus V.	1328–1330	Innozenz XII.	1691–1700
Benedikt XII.	1335–1342	Clemens XI.	1700–1721
Clemens VI.	1342–1352	Innozenz XIII.	1721–1724
Innozenz VI.	1352–1362	Benedikt XIII.	1724–1730
Sel. Urban V.	1362–1370	Clemens XII.	1730–1740
Gregor XI.	1371–1378	Benedikt XIV.	1740–1758
Urban VI.	1378–1389	Clemens XIII.	1758–1769
Bonifatius IX.	1389–1404	Clemens XIV.	1769–1774

Pius VI.	1775–1799	Benedikt XV.	1914–1922
Pius VII.	1800–1823	Pius XI.	1922–1939
Leo XII.	1823–1829	Pius XII.	1939–1958
Pius VIII.	1829–1830	Johannes XXIII.	1958–1963
Gregor XVI.	1831–1846	Paul VI.	1963–1978
Pius IX.	1846–1878	Johannes Paul I.	1978
Leo XIII.	1878–1903	Johannes Paul II.	1978–
Hl. Pius X.	1903–1914		

Register

Abaelard, Pierre 83
Adalwald 36
Aëtius, Flavius 22
Agilulf 36
Agnes von Andechs-Meranien 53
Akakios 33
Alberti, Leon Battista 66
Albertus Magnus 56
Albinus 22
Albrecht I. 57
Albrecht von Mainz 74
Alexander III. 51
Alexander V. 63
Alexander VI. 69, 70, 72, 73, 83
Alfeld, August 75
Ambrosius von Mailand 34
Anaclet 16
Anastasios 33, 34, 35
Anatolios 25
Arius 18
Athanasius 18
Attila 25
Augustinus von Hippo 34, 35, 121
Authari 36
Baillot 108
Batiffol, Pierre 106
Bautain, Louis 96
Benedikt I. 25
Benedikt VI. 40
Benedikt VIII. 41
Benedikt IX. 41
Benedikt XI. 58
Benedikt XIII. 62, 63, 64
Benedikt XIV. 99, 108
Benedikt XV. 99, 106

Benigni, Umberto 105
Bernhard von Clairvaux 49, 50
Bonifaz VII. 40
Bonifaz VIII. 56, 57, 58, 59, 60, 98
Bonifaz IX. 62
Bonomelli, Geremia 107
Botero, Giovanni 117
Botticelli, Sandro 69
Bremond, Henry 106
Bruno, Giordano 86, 87
Buonaiuti, Ernesto 107
Cajetan, Thomas 74, 75
Calixt III. 69
Carnesecchi, Pietro 85
Carranza, Bartolomé 84
Chateaubriand, François René de 93
Chenu, Marie-Dominique 100
Chieregati, Francesco 78
Childerich 36
Clemens II. 41
Clemens V. 58
Clemens VI. 59
Clemens VII. (Gegenpapst) 62, 63
Clemens VII. 70, 80, 85
Clemens VIII. 86
Clemens 13, 16
Coelestin I. 22
Coelestin V. 59
Colonna, genannt Sciarra 58, 60
Congar, Yves 44, 100, 101
Crescentius II. 40
Curran, Charles 108
Cyriacus 26

Damasus I. 18, 19, 20
Denis, Charles 106
Dioskur 23
Döllinger, Ignaz von 11, 96, 98
Drewermann, Eugen 108
Eck, Johannes 75
Ehrhard, Albert 108
Erasmus von Rotterdam 66, 67
Eugen III. 49
Eugen IV. 64, 68, 69
Eulogios 26, 27
Euphemius 33
Eusebius 29
Farnese, Alessandro 71
Farnese, Giulia 70
Fausta 30
Felix III. (II.) 33
Felix V. 64, 68
Ficino, Marsilio 66
Filelfo, Francesco 68
Formosus 39
Fra Angelico 68
Franceschetto 69
Francesco von Assisi 61
Franz Joseph I. 102
Friedrich (der Schöne) 59
Friedrich I. Barbarossa 51
Friedrich II. 53, 54, 55, 76
Friedrich III. (der Weise) 77
Friedrich III. 68
Frohschammer, Jakob 96
Galilei, Galileo 87, 88, 89, 90
Galilei, Vinzenz 87
Geiserich 25
Gelasius I. 33, 35, 47
Ghirlandaio; Domenico 69
Gregor I. 10, 25, 26, 27, 28
Gregor V. 40
Gregor VI. 41, 43
Gregor VII. 10, 42, 43, 46, 47, 48, 49, 52, 98
Gregor IX. 55
Gregor XI. 62
Gregor XII. 63, 64
Gregor XIII. 85, 86
Gregor XVI. 94, 95
Guido von Tuszien 39
Günther, Anton 96
Hadrian I. 36
Hadrian VI. 70, 78, 79, 80
Hadrian 29

Hébert, Jacques René 106
Hefele, Hermann Josef 96
Hegesippos 9
Heinrich II. 41
Heinrich III. 41
Heinrich IV. 48, 76
Heinrich VI. 51
Hermann von Metz 48
Hermes, Georg 96
Hieronymus von Brandenberg 74
Hildebrand siehe: Gregor VII.
Hinkmar von Reims 37
Honorius I. 28
Horaz 81
Hügel, Friedrich von 106
Hugo von Italien 39
Humbert 43, 44, 45
Hus, Jan 63, 64, 83
Ignatios von Antiochien 15
Ignatios 37, 38
Ignatius von Loyola 84
Ingeborg von Dänemark 53
Innozenz I. 20, 21
Innozenz III. 9, 49, 51, 52, 53, 54, 56
Innozenz IV. 49, 55
Innozenz VIII. 69, 83
Institoris, Heinrich 69
Irenäus von Lyon 15, 16, 30
Jakobus 13
Johann Ohneland 52
Johanna von Anjou 59
Johannes IV. 26, 27
Johannes Paul I. 115
Johannes Paul II. 90, 110, 115, 117, 118
Johannes VIII. 38
Johannes von Paris (Quidort) 58
Johannes X. 39
Johannes XI. 39
Johannes XII. 39
Johannes XIII. 40
Johannes XIV. 40
Johannes XVI. 40
Johannes XIX. 41
Johannes XXII. 59, 60, 61
Johannes XXIII. 63, 64, 101, 107, 109, 119
Joseph II. 91
Josephine 92
Julianus 33

Julius I. 18
Julius II. 69, 70, 72, 73
Karl der Große 36, 37
Karl der Kahle 38
Karl III. 38
Karl V. 77, 78, 80
Kerullarios, Michael 43, 44, 45
Konstans 18
Konstantin I. (der Große) 29, 30, 32
Konstantin IX. Monomachos 44
Konstantinos 45
Konstantius II. 18
Konstanze 53
Kopernikus, Nikolaus 87, 89
Kraus, Franz Xaver 108
Küng, Hans 108
Laberthonnière, Lucien 106
Lagrange, Marie-Joseph 106
Langton, Stephan 52
Lapotre, Alfred 106
Lefebvre, Marcel 114
Leiber, Robert 100
Leo I. (der Große) 21, 22, 23, 24, 25, 27, 28, 32, 33, 35
Leo III. 37
Leo IX. 43, 44, 45
Leo X. 70, 72, 76
Leo XIII. 99, 102
Leon von Achrida 43, 45
Leopold II. 91
LeRoy, Édouard 106
Liberius 10
Linus 16
Loisy, Alfred 104, 106
Lothar II. 37
Louis Napoléon (Napoleon III.) 96
Lubac, Henri de 100
Ludwig (der Bayer) 59, 60, 61, 76, 83
Lukrez 81
Luther, Martin 28, 70, 73-82
Machiavelli, Niccolò 117
Maistre, Joseph Marie de 94
Markellus 18
Markian 25
Marozia 39
Marsilius von Padua 60
Martin V. 64
Medici, Giovanni siehe: Leo X. 69

Medici, Lorenzo de´ 69, 70
Melanchthon, Philipp 80
Melozzo da Forlì 69
Merkle, Sebastian 108
Merry del Val, Raffaele 105
Michael von Cesena 61
Michelangelo 69, 70
Miltiades 30
Minale 85
Minocchi, Salvatore 107
Möhler, Johann Adam 96
Morone, Giovanni 84
Murri, Romolo 106, 107
Napoleon Bonaparte 92
Nathin, Johann 73
Nero 14, 20
Newman, John Henry 106
Nikolaus I. 37
Nikolaus V. 60
Nikolaus V. 67, 68
Nikolaus von Kues 89
Nogaret, Guillaume de 58
Novalis 93
Odoaker 33
Ottaviani, Alfredo 108
Otto (der Große) 39
Otto II. 40
Otto III. 40, 41
Otto IV. 52, 53
Passaglia, Carlo 96
Paul II. 69
Paul III. 70, 71, 81, 84
Paul IV 84, 86
Paul V. 87
Paul VI. 14, 108, 110, 114, 115, 117, 118
Paulus 14, 16, 20, 29, 30, 38, 42, 72
Pelagius II. 25
Perugino 69
Peter von Amalfi 44
Petrarca, Francisco 59, 66
Petrus 9, 10, 11, 12, 14, 16, 17, 18, 19, 21, 23, 24, 25, 27, 29, 30, 38, 42, 48, 51, 56, 57, 70
Petrus Damiani 43
Petrus 39
Petrus von Antiochien 44
Philipp II. August 53
Philipp II. 84
Philipp IV. 56, 58

Philipp von Schwaben 51
Photios 37, 38
Piccolomini 89
Pinturicchio 69
Pippin der Jüngere 36
Pius II. 66, 68
Pius IV. 84
Pius V. 84, 85, 86
Pius VI. 91, 92
Pius VII. 92
Pius IX. 95, 97
Pius X. 97, 99, 102, 104, 107, 114, 117
Pius XI. 97, 99
Pius XII. 97, 100, 101
Poggio, Gian Francesco 68
Polykarp von Smyrna 15
Prudentius 30
Ptolemäus 89
Raffael Santi 70
Rahner, Karl 10, 11, 120
Rainald von Köln 51
Rampolla, Mariano 102
Riario, Pietro 69
Ricci, Scipione de´ 91, 92
Romulus Augustulus 33
Savonarola, Girolamo 83
Scheeben, Joseph 96
Schell, Hermann 108
Scherr, Gregor von 98
Schlegel, Friedrich 93
Schnitzer, Joseph 108
Schrader, Clemens 96

Sigismund 63
Silvester II. 40
Silvester III. 41
Silvester 30
Simplicius 33
Siricius 10, 18, 19, 20
Sixtus III. 22
Sixtus IV. 69, 70
Sixtus V. 86
Söderblom, Nathan 104
Staupitz, Johann von 76
Stephan I. 17
Stephan II. 17, 36
Teilhard de Chardin, Pierre 100
Theodolinde 36
Theodosius I. 32
Theophanu 40
Thomas von Aquin 56, 72, 99
Tondini, Amleto 101
Tyrrell, George 104, 105, 106
Ulrich von Richental 63
Urban V. 52
Urban VI. 62
Urban VIII. 88, 89
Valentinian III. 22
Valla, Lorenzo 66, 72
Vergil 29
Viktor II. 46
Viktor 17
Wilhelm von Ockham 61, 83
Wittig, Joseph 108
Wyclif, John 64, 83
Zacharias 36